나는 생각을 바꾸는 문제해결사

마음 행복 연습장 01

나는 생각을 바꾸는 문제해결사 **워크북**

2018년 2월 26일 초판 1쇄 발행
2024년 3월 29일 초판 3쇄 발행

지은이 양윤란·이경희·고혜정·이은식·강지현

책임편집 임현규·정세민
편집 정용준
디자인 김진운
표지 일러스트 서희
본문 일러스트 김보경
본문조판 디자인 시
마케팅 김현주

펴낸이 윤철호
펴낸곳 ㈜사회평론아카데미
등록번호 2013-000247(2013년 8월 23일)
전화 02-326-1545
팩스 02-326-1626
주소 03993 서울특별시 마포구 월드컵북로6길 56
이메일 academy@sapyoung.com
홈페이지 www.sapyoung.com

ⓒ 양윤란·이경희·고혜정·이은식·강지현, 2022

ISBN 979-11-88108-44-2

나는 생각을 바꾸는 문제해결사

마음
행복
연습장
01

워크북

양윤란·이경희·고혜정·이은식·강지현 지음

사회평론아카데미

우울을 이해하기

활동 1   우울이란 무엇일까?

우울이란 무엇인가요?

친한 친구가 전학을 가거나 아끼던 강아지를 잃어버리거나 할머니가 돌아가시면 매우 슬픕니다. 슬픔은 누구나 느끼는 자연스러운 기분입니다. 슬픔은 우리를 사려 깊게 해주고 다른 사람들에게 위로를 받게 해줍니다. 슬픔은 나쁜 일이 지나가고 어느 정도 시간이 흐르면 저절로 사라집니다.

그런데 나쁜 일도 지나갔고 시간이 흘렀는데도 슬픔이 더욱 심해지면서 즐거움이 점점 사라져 모든 일이 귀찮고 재미도 없고 자신감도 없어진 이런 기분을 우울이라고 합니다.

나만 우울한 건가요?

우울한 기분을 느끼는 10대는 10명 중 1~2명 정도라고 합니다. 우리가 아는 위대한 인물 중에도 우울했던 사람들이 많습니다. 제2차 세계대전을 승리로 이끌었고 노벨 문학상까지 받은 윈스턴 처칠 영국 수상은 우울증을 갖고 있었습니다. 남북전쟁, 노예제도 폐지, 게티스버그 연설... 누가 생각나나요? 에이브러햄 링컨 대통령도 우울증이 심했다고 합니다.

왜 우울해지나요?

링컨 대통령은 어머니와 누나가 일찍 죽고 사귀던 여자 친구도 일찍 죽었다고 합니다. 링컨 대통령처럼 사랑하는 사람을 잃는 경험은 우리를 우울하게 할 수 있습니다. 가족의 죽음과 같은 큰 슬픔이 아니더라도, 부모님의 싸움, 친구들과의 다툼, 어른들의 꾸지람, 힘든 시험, 친구들의 따돌림과 같은 스트레스가 쌓여도 우울해질 수 있습니다. 나와 다른 사람, 세상에 대한 부정적인 생각도 우리를 우울하게 할 수 있습니다.

우울에서 벗어날 수 있나요?

여러분은 이 프로그램에서 우울한 기분을 조절하는 방법 즉, 행동하는 법, 문제를 해결하는 법, 현실적으로 생각하는 법을 배울 것입니다. 사람의 생각과 기분 그리고 행동을 연구하는 심리학자들에 의하면, 이 방법들은 우울한 기분에서 벗어나는 데 도움을 준다고 합니다. 세계 여러 나라의 10대들이 이 방법으로 우울을 극복했습니다.

나에게 해당되는 것도 있을까?

'지피지기면 백전불태'라는 말이 있습니다. 상대방을 알고 나를 알면 백번을 싸워도 위태롭지 않다는 뜻입니다. 우울을 다루기 위한 첫 번째 단계는 여러분의 우울에 대해서 잘 아는 것입니다.

최근 2주일 동안 여러분에게 해당되는 내용이 있다면 ✓표시하세요.

- 자주 눈물이 나거나 슬프다.　　　　　　＿＿＿＿＿
- 자주 짜증이나 신경질이 난다.　　　　　＿＿＿＿＿
- 피곤하다.　　　　　　　　　　　　　＿＿＿＿＿
- 앞으로 좋은 일이 일어나지 않을 것 같다.　＿＿＿＿＿
- 학교생활이 재미없다.　　　　　　　　　＿＿＿＿＿
- 집중이 안 된다.　　　　　　　　　　　＿＿＿＿＿
- 결정을 내리는 것이 어렵다.　　　　　　＿＿＿＿＿
- 내가 마음에 들지 않는다.　　　　　　　＿＿＿＿＿
- 공부가 너무 힘들다.　　　　　　　　　＿＿＿＿＿
- 성적이 떨어졌다.　　　　　　　　　　＿＿＿＿＿
- 모든 것이 귀찮다.　　　　　　　　　　＿＿＿＿＿
- 아무도 나를 사랑하지 않는 것 같다.　　＿＿＿＿＿
- 앞으로도 나는 되는 게 없을 것 같다.　　＿＿＿＿＿
- 일이 잘못되면 다 내 탓인 것 같다.　　　＿＿＿＿＿
- 잠이 잘 안 오거나 너무 많이 잔다.　　　＿＿＿＿＿
- 입맛이 없거나 너무 많이 먹는다.　　　　＿＿＿＿＿
- 외롭다.　　　　　　　　　　　　　　＿＿＿＿＿
- 가족이나 친구가 멀게 느껴진다.　　　　＿＿＿＿＿

여러분이 표시한 내용은 모두 몇 개인가요?　　＿＿＿＿＿ 개 우울한 채로 생활한다는 것은?

우울이 여러분의 생활에 어떤 영향을 주는지 생각해 볼까요?

우울은 나를 _____

_____

_____ 만든다.

우울은 내가 _____

_____

_____ 을 하지 못하게 만든다.

만약, 내가 더 이상 우울하지 않다면 무엇이 달라질까?

내가 할 수 있는 것은? _____

_____

내가 더 이상 하지 않을 것은? _____

_____

다른 사람들은 달라진 나를 보고 무엇이라고 말할까요? _____

_____

_____

우리는 무엇을 배우나?

우울한 기분은 여러분의 생각과 행동에 영향을 주고 생각과 행동도 기분에 영향을 줍니다.

겨울 아침 하늘에서 눈이 펑펑 내립니다. 슬기와 운찬이는 창밖으로 내리는 눈을 보면서 서로 다르게 생각하고 행동합니다. 슬기와 운찬이의 기분은 어떤가요? 슬기와 운찬이의 기분은 왜 다른 걸까요?

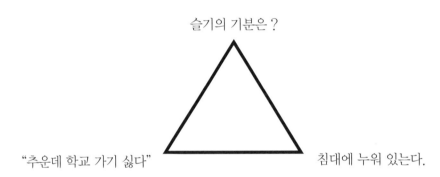

슬기의 기분은 ?

"추운데 학교 가기 싫다"   침대에 누워 있다.

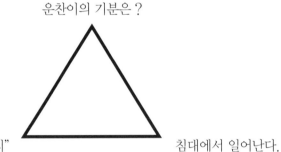

운찬이의 기분은 ?

"학교 가서 친구들과 사진 찍어야지"   침대에서 일어난다.

슬기는 우울한 기분을 바꾸기 위해서 무엇을 해야 할까요?

슬기는 행동을 바꾸고, 부정적인 생각을 바꾸고, 문제를 해결하는 방법을 배워야 합니다. 여러분은 앞으로 나는 생각을 바꾸는 문제해결사를 배울 것입니다.

활동 5) 나와의 약속

더 이상 우울하지 않게 되면 어떤 변화가 생길지 그리고 우울하지 않기 위해서 내가 무엇을 할 수 있는지 알아보았습니다.

자, 이제 변화를 시작해 볼까요! 변화의 첫 시작은 나 자신과 약속을 하는 것입니다.

나는 생각을 바꾸는 문제해결사가 되기 위해

첫째. 특별한 기술을 배우는 시간에 매주 참석하겠습니다.

둘째. 매주 시간을 내서 연습과제를 하겠습니다.

셋째. 어려운 일이 있더라도 포기하지 않겠습니다.

특별한 방법을 모두 배우면 나는 생각을 바꾸는 문제해결사가 된 것을 축하하는 특별한 시간을 가질 것입니다.

나는 _____년 _____월 _____일에 _____와 _____을 할 것입니다.

서명: _____

서명: _____

서명: _____

날짜: _____년 ____월 ____일

연습과제 우울을 이해하기

우리가 배운 내용을 기억해 보면서 다음 퀴즈를 풀어 보세요. 맞는 말이면 괄호 안에
○ 표를, 틀린 말이면 X 표를 하세요.

1. 이유 없이 자꾸 짜증이 나는 것도 우울하기 때문일 수 있다.　　　　（　　　　）

2. 우울하면 몸이 피곤할 수 있다.　　　　（　　　　）

3. 한번 우울해진 사람은 계속 우울할 수밖에 없다.　　　　（　　　　）

4. 재미있던 사람도 우울해지면 재미가 없어질 수 있다.　　　　（　　　　）

5. 생각과 행동을 바꾸면 우울한 기분이 달라질 수 있다.　　　　（　　　　）

기분을 이해하기

기분을 표현하는 말

슬기와 운찬이의 표정, 몸짓, 상황과 일치하는 기분을 찾아보세요.

불안한, 지루한, 놀란, 두려운, 우울한, 만족한, 자신감 있는, 분노한

슬기와 운찬이의 표정, 몸짓, 상황과 일치하는 기분을 찾아보세요.

슬픈, 당황한, 화난, 기쁜, 흥분한, 괴로운, 부끄러운

표정을 보고 기분을 알기

슬기와 운찬이는 어떤 기분인가요? 표정을 잘 살펴보세요.

빈칸은 여러분이 원하는 표정을 그려보세요.

활동 3 기분온도계

기분온도계를 사용하면 기분이 얼마나 좋은지, 나쁜지를 좀 더 잘 표현할 수 있습니다. 지금 여러분이 느끼는 기분을 기분온도계에 표시해 보세요.

나의 기분은?

활동 4 · 좋은 기분과 나쁜 기분

기분은 행동, 모습, 생각, 몸의 느낌으로도 나타납니다.

기분이 좋을 때와 나쁠 때,

 행동이 달라집니다.

 옷차림, 자세, 목소리, 눈 맞춤과 같은 내 모습이 달라집니다.

 나, 다른 사람, 세상에 대한 생각이 달라집니다.

 몸의 느낌이 다릅니다.

슬기의 이야기

슬기는 오늘 학교에서 운찬이의 생일에 초대받지 못해 우울합니다.

슬기는 학교가 끝나자마자 운찬이를 외면한 채 집으로 혼자 왔습니다. 엄마에게 인사도 하지 않습니다. 엄마가 간식을 먹으라고 해도 쳐다보지 않은 채 "안 먹어."라고 풀죽은 목소리로 말합니다. 씻지도 않고 침대에 누운 슬기는 '나를 초대하지 않다니. 운찬이가 그럴 줄은 몰랐어. 운찬이는 이제 내 친구도 아니야.'라고 생각합니다. 온몸에 힘이 쭉 빠지고 기운이 없고 아무것도 먹고 싶지 않습니다.

다음날 운찬이는 슬기에게 "어제 집에 가는 길에 내 생일파티에 오라고 말하려 했는데 왜 그렇게 집에 빨리 갔어?"라고 말합니다. 슬기는 기분이 좋습니다.

수업이 끝나고 슬기는 운찬이에게 웃으면서 "잘 가. 내일 봐."라고 인사를 합니다. 집에 가는 길에 친구와 문방구에도 들러 운찬이 생일 선물도 구경하고 수다도 떱니다. 집에 온 슬기는 활기찬 목소리로 웃으면서 "엄마, 학교 다녀왔어요."라고 외칩니다. 씻고 옷을 갈아입은 슬기는 간식을 먹으면서 '역시, 운찬이는 내 오랜 친구야.'라고 생각합니다. 의욕이 넘치고 기운도 납니다.

기분이 좋을 때의 슬기	기분이 나쁠 때의 슬기
어떻게 행동하나요?	**어떻게 행동하나요?**
운찬이에게 인사를 한다. 친구와 문방구에 간다. 친구와 수다를 떤다. 엄마에게 인사를 한다. 씻는다. 옷을 갈아입는다. 간식을 먹는다.	
어떻게 보이나요?	**어떻게 보이나요?**
목소리가 활기차다. 웃는다.	
무슨 생각을 하나요?	**무슨 생각을 하나요?**
역시 운찬이는 내 오랜 친구야.	
몸에서 어떤 느낌이 드나요?	**몸에서 어떤 느낌이 드나요?**
의욕이 넘친다. 기운이 난다. 식욕이 있다.	

기분이 좋을 때와 나쁠 때 슬기가 어떻게 다른지 알겠나요?

기분에 따라 다른 나

기분이 좋을 때의 나	기분이 나쁠 때의 나

나는 어떤 때 기분이 좋은가요?

나는 어떤 때 기분이 나쁜가요?

어떻게 행동하나요?

어떻게 행동하나요?

어떻게 보이나요?

어떻게 보이나요?

무슨 생각을 하나요?

무슨 생각을 하나요?

몸에서 어떤 느낌이 드나요?

몸에서 어떤 느낌이 드나요?

기분 일기

오늘 하루의 기분이 어땠는지 기분온도계에 표시하세요.

월 일
요일

월 일
요일

월 일
요일

월 일
요일

월 일
요일

월 일
요일

월 일
요일

무슨 일이
있었나요?

23

즐거운 나

기분온도계

일주일 동안 여러분의 기분이 어땠는지 기분온도계에 표시해 보세요.

즐거운 날

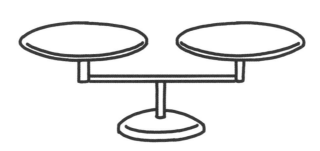

기분의 무게를 달아봅시다.

즐거운 활동을 찾아라

☺ 여러분이 좋아하거나 재미있어 하는 활동은 무엇입니까?

_____   _____   _____

☺ 혼자서 아무 때나 쉽게 할 수 있는 즐거운 활동은 무엇입니까?

_____   _____   _____

☺ 어른의 허락 없이도 할 수 있는 즐거운 활동은 무엇입니까?

_____   _____   _____

☺ 여러분을 바쁘게 하는 활동은 무엇입니까?

_____   _____   _____

☺ 좋아하는 사람과 함께하고 싶은 활동은 무엇입니까?

_____와_____   _____와_____   _____와_____

☺ 누군가를 도와주는 일도 기분을 좋게 합니다. 무엇을 도와줄까요?

_____   _____   _____

여러분이 할 수 있는 즐거운 일들이 많이 있다는 것을 알았나요?

100가지 즐거운 활동

기분이 좋아질 수 있는 활동을 떠올리기 어렵다면 아래 목록에서 찾아보세요. 즐거운 활동이 99개나 있습니다. 여러분이 하고 싶은 활동에 ☑ 표시를 하세요. 100번째 즐거운 활동은 여러분이 직접 적어주세요.

□ 1. 목욕하기
□ 2. 미래 계획 세우기
□ 3. 취미로 물건 모으기
□ 4. 재활용품으로 새로운 것 만들기
□ 5. 박물관 가기
□ 6. 머리 꾸미기
□ 7. 영화 보러 가기
□ 8. 달리기
□ 9. 음악 듣기
□ 10. 주스, 코코아, 초콜릿 먹기
□ 11. 크게 웃기
□ 12. 여행 갔던 것 생각하기
□ 13. 딱지치기
□ 14. 구슬치기
□ 15. 아기 때 사진 보기
□ 16. 좋아하는 가게 구경하기
□ 17. 공기놀이
□ 18. 아름다운 풍경 생각하기
□ 19. 저금하기
□ 20. 소설 읽기
□ 21. 클레이, 점토놀이
□ 22. 태권도 연습
□ 23. 좋아하는 예능 프로그램 보기
□ 24. 자전거 타기
□ 25. 축하카드, 생일카드 읽어보기

□ 26. 화분에 물 주기
□ 27. 수영하기
□ 28. 끝말잇기
□ 29. 야구하기
□ 30. 사고 싶은 것 생각하기
□ 31. 축구하기
□ 32. 연날리기
□ 33. 스무고개
□ 34. 피아노치기
□ 35. 놀이터에서 놀기
□ 36. 외식하기
□ 37. 새로운 과자 사먹기
□ 38. 친구 집에 놀러가기
□ 39. 교회, 성당, 절에 가기
□ 40. 아이스크림 먹기
□ 41. 타자 연습하기
□ 42. 사촌 만나기
□ 43. 매니큐어 바르기
□ 44. 친구 만나기
□ 45. 스케이트 타기
□ 46. 역할 놀이하기
□ 47. 그림 그리기
□ 48. 색종이 접기
□ 49. 수집한 카드 정리하기
□ 50. 친구와 만날 약속 정하기

- [ ] 51. 노래 부르기
- [ ] 52. 리코더 불기
- [ ] 53. 수첩 꾸미기
- [ ] 54. 선물 만들기
- [ ] 55. 줄넘기
- [ ] 56. 야구 경기 보기
- [ ] 57. 축구 경기 보기
- [ ] 58. 요리하기
- [ ] 59. 만화 그리기
- [ ] 60. 낙서하기
- [ ] 61. 비즈 공예
- [ ] 62. 인형 옷 그리기
- [ ] 63. 웹툰 보기
- [ ] 64. 서랍 정리하기
- [ ] 65. 재미있는 책 보기
- [ ] 66. 머리 자르기
- [ ] 67. 내 어릴 때 이야기 듣기
- [ ] 68. 캐치볼/공놀이
- [ ] 69. 공상하기
- [ ] 70. 농구 슛 연습
- [ ] 71. 동영상 찍기
- [ ] 72. 계획표 짜기
- [ ] 73. 산책하기
- [ ] 74. 셀카 찍기
- [ ] 75. 친구랑 메신저/문자하기

- [ ] 76. 즐거웠던 일을 생각해 보기
- [ ] 77. 형제 자매와 놀기
- [ ] 78. 동물 돌보기
- [ ] 79. 일기나 글쓰기
- [ ] 80. 청소하기
- [ ] 81. 춤추기
- [ ] 82. 좋아하는 과자 먹기
- [ ] 83. 보드게임하기
- [ ] 84. 수수께끼 풀기
- [ ] 85. 깔끔하게 옷 입어 보기
- [ ] 86. 친구에게 전화 걸기
- [ ] 87. 마트 가기
- [ ] 88. 카톡하기
- [ ] 89. 내 장점 생각하기
- [ ] 90. 팔씨름하기
- [ ] 91. 재미있는 동영상 보기
- [ ] 92. 부모님 도와주기
- [ ] 93. 퍼즐 맞추기
- [ ] 94. 배드민턴 치기
- [ ] 95. 샤워하기
- [ ] 96. 부모님 어릴 때 이야기 듣기
- [ ] 97. 레고 조립
- [ ] 98. 가족 신문 만들기
- [ ] 99. 내가 아끼는 물건 꺼내보기
- [ ] 100. _____

즐거운 일을 해요

지금 여러분의 기분을 기분온도계에 표시하세요.

기분이 좋아지는 활동: _____

즐거운 활동을 하고 난 후의 기분을 표시하세요.

즐거운 활동을 하면 기분이 좋아진다는 것을 알았나요?

즐거운 나의 활동

여러분은 손쉽게 할 수 있는 즐거운 활동이 많다는 것과 즐거운 활동을 하면 기분이 좋아진다는 것을 알았습니다. 손쉽고, 자주 할 수 있고, 기분을 좋게 해주는 즐거운 활동을 적어주세요.

☺ ＿＿＿＿＿＿＿＿＿＿＿＿＿＿＿＿　　☺ ＿＿＿＿＿＿＿＿＿＿＿＿＿＿＿＿

☺ ＿＿＿＿＿＿＿＿＿＿＿＿＿＿＿＿　　☺ ＿＿＿＿＿＿＿＿＿＿＿＿＿＿＿＿

☺ ＿＿＿＿＿＿＿＿＿＿＿＿＿＿＿＿　　☺ ＿＿＿＿＿＿＿＿＿＿＿＿＿＿＿＿

☺ ＿＿＿＿＿＿＿＿＿＿＿＿＿＿＿＿　　☺ ＿＿＿＿＿＿＿＿＿＿＿＿＿＿＿＿

☺ ＿＿＿＿＿＿＿＿＿＿＿＿＿＿＿＿　　☺ ＿＿＿＿＿＿＿＿＿＿＿＿＿＿＿＿

즐거운 나의 기록

즐거운 활동을 몇 개 했는지, 기분은 몇 점이었는지 해당하는 숫자에 ○ 표 하세요.

		10	9	8	7	6	5	4	3	2	1	0
월 일 요일	기분 점수											
	즐거운 활동											
월 일 요일	기분 점수											
	즐거운 활동											
월 일 요일	기분 점수											
	즐거운 활동											
월 일 요일	기분 점수											
	즐거운 활동											
월 일 요일	기분 점수											
	즐거운 활동											
월 일 요일	기분 점수											
	즐거운 활동											
월 일 요일	기분 점수											
	즐거운 활동											
월 일 요일	기분 점수											
	즐거운 활동											
월 일 요일	기분 점수											
	즐거운 활동											

더 즐거운 나

기분온도계

일주일 동안 여러분의 기분이 어땠는지 기분온도계에 표시해 보세요.

윤찬이는 즐거운 나의 기록을 그래프로 만들었습니다. 여러분도 연습과제로 작성한 즐거운 나의 기록을 그래프로 만들어 보세요.

즐거운 활동	기본 점수	즐거운 활동	기본 점수	즐거운 활동	기본 점수	즐거운 활동	기본 점수	즐거운 활동	기본 점수	즐거운 활동	기본 점수	즐거운 활동	기본 점수
4월 3일 화요일		4월 4일 수요일		4월 5일 목요일		4월 6일 금요일		4월 7일 토요일		4월 8일 일요일		4월 9일 월요일	

즐거운 나의 목표

운찬이는 목요일은 감기에 걸려서 하루 종일 누워 있었습니다. 일요일은 사촌 동생이 놀러와서 하루 종일 밖에서 신나게 놀았습니다. 운찬이는 목요일과 일요일은 특별한 날이었기 때문에 그날의 즐거운 활동은 계산에 넣지 않았습니다.

여러분의 즐거운 활동 목표를
정해 봅시다.

운찬이의 즐거운 기록

날짜	요일	즐거운 활동의 수
3일	화	3
4일	수	4
5일	~~목~~	~~0~~
6일	금	3
7일	토	5
8일	~~일~~	~~7~~
9일	월	2

즐거운 활동을 한 날 = 5일	즐거운 활동의 합 = 17개

계산공식

$$\left(\frac{\text{즐거운 활동의 합}}{\text{즐거운 활동을 한 날}} \right) + 1 = \left(\frac{17}{5} \right) + 1$$

즐거운 목표
매일 즐거운 활동을 __4__ 개 이상 한다.

즐거운 나의 기록

날짜	요일	즐거운 활동의 수
	일	
	일	
	일	
	일	
	일	
	일	
	일	

즐거운 활동을 한 날 = _____일	즐거운 활동의 합 = _____개

계산공식

$$\left(\frac{}{} \right) + 1$$

즐거운 목표
매일 즐거운 활동을 _____ 개 이상 한다.

더 즐거운 나의 활동

즐거운 활동을 더 많이 하기 위해서는 여러분이 할 수 있는 즐거운 활동이 더 다양해 질 필요가 있겠죠. 지난주에 작성한 즐거운 나의 활동을 살펴보고 새로운 활동을 추가해 봅시다.

☺ _____   ☺ _____

☺ _____   ☺ _____

☺ _____   ☺ _____

☺ _____   ☺ _____

☺ _____   ☺ _____

☺ _____   ☺ _____

☺ _____   ☺ _____

즐거운 활동을 더 많이 해요

지금 여러분의 기분을 기분온도계에 표시하세요.

```
-10
-9
-8
-7
-6
-5
-4
-3
-2
-1
-0
```

기분이 좋아지는 활동: _____

즐거운 활동을 하고 난 후의 기분을 표시하세요.

```
-10
-9
-8
-7
-6
-5
-4
-3
-2
-1
-0
```

더 즐거운 나의 기록

즐거운 활동을 몇 개 했는지, 기분은 몇 점이었는지 해당하는 숫자에 ○ 표 하세요.

나의 목표는 매일 즐거운 활동을 ＿＿ 개 이상 하는 것이다.

항목												요일	일
기분 점수	10	9	8	7	6	5	4	3	2	1	0		
즐거운 활동	10	9	8	7	6	5	4	3	2	1	0		
기분 점수	10	9	8	7	6	5	4	3	2	1	0		
즐거운 활동	10	9	8	7	6	5	4	3	2	1	0		
기분 점수	10	9	8	7	6	5	4	3	2	1	0		
즐거운 활동	10	9	8	7	6	5	4	3	2	1	0		
기분 점수	10	9	8	7	6	5	4	3	2	1	0		
즐거운 활동	10	9	8	7	6	5	4	3	2	1	0		
기분 점수	10	9	8	7	6	5	4	3	2	1	0		
즐거운 활동	10	9	8	7	6	5	4	3	2	1	0		
기분 점수	10	9	8	7	6	5	4	3	2	1	0		
즐거운 활동	10	9	8	7	6	5	4	3	2	1	0		

41

편안한 나

기분온도계

일주일 동안 여러분의 기분이 어땠는지 기분온도계에 표시해 보세요.

스트레스와 나의 몸

우울하거나 불안하거나 긴장되거나 스트레스를 받았을 때를 생각해 보세요.

그 때의 기분을 기분온도계에 표시하세요.

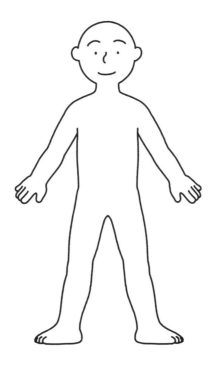

그 때 몸의 느낌은 어땠나요?

활동 3 · 이완이란?

이완이란 우리 몸의 긴장과 힘을 빼서 마음과 기분을 차분하고 편안하게 하는 것입니다.

이완에는 세 가지 방법이 있습니다.

| 천천히 숨쉬기 | 긴장이완 | 상상이완 |

이완연습은 조용하고 편안하며 방해받지 않는 장소에서 합니다.

편안한 의자에 앉아서 합니다.
반드시 깨어 있는 상태에서 합니다.
꾸준히 해야 합니다.

활동 4 　천천히 숨쉬기

천천히 숨쉬기는 우리의 몸과 마음을 편안하게 합니다.

눈을 감고 천천히 숨쉬기를 3번 연습합니다.

1) 천천히 숨을 들이쉬고 공기가 몸 안에 채워지는 것에 집중하세요.

2) 숨을 천천히 내쉬면서 공기가 코와 입을 통해 나가는 것을 잘 느껴 보세요.

3) 천천히 숨을 들이쉬고 공기가 들어올 때 그리고 내쉴 때 느껴지는 기분에
   집중하세요.

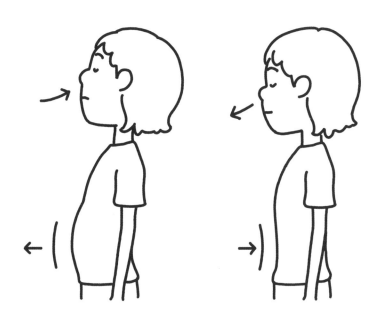

활동 5 긴장이완

긴장이완은 우리 몸의 근육에 힘을 주었다가(긴장) 힘을 빼는(이완) 것입니다.

다음의 순서에 따라 긴장이완을 합니다.

1) 주먹을 꽉 쥐어서 단단함에 집중해 보고 주먹을 풀어 손가락과 팔의 이완감을 느끼세요.

2) 어깨를 귀까지 들어 올려 머리와 목이 눌리는 느낌에 집중해 보고 어깨를 풀어 이완감을 느끼세요.

3) 얼굴을 찡그렸다가 얼굴을 편하게 풀어 이완감을 느끼세요.

4) 다리에 힘을 주고 발가락을 오므렸다가 다리와 발가락을 풀어 이완감을 느끼세요.

5) 온몸에 힘을 주어 단단하게 만들었다가 온몸의 긴장을 풀어 이완감을 느끼세요.

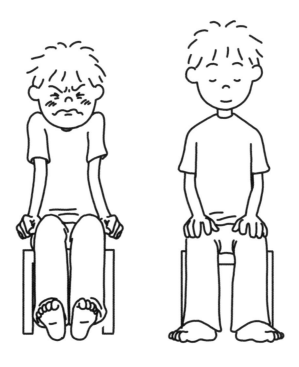

활동 6 상상이완

상상을 사용해서 이완할 수 있습니다.

몸의 긴장을 풀고 편안함을 느끼게 해주는 장소를 상상해 보세요.

내 마음이 편안해지는 장소는 _____

그 장소에서

여러분이 그 장소에 있다고 생각하면서 보이는 것, 냄새, 맛, 소리, 촉감을 상상해 보세요.

활동 7) 나에게 맞는 이완방법 찾기

이제 이완하는 방법을 모두 배웠습니다.

이완훈련을 하고 난 후의 기분은?　　　　내 몸의 느낌은?

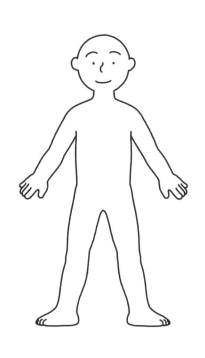

가장 도움이 되는 이완 방법은 무엇인가요?

_____ 천천히 숨쉬기

_____ 긴장이완

_____ 상상이완

연습과제 ## 편안한 나

녹음파일*을 들으면서 매일 이완연습을 합니다. 연습장소와 시간을 정하면 규칙적으로 연습하기 좋습니다. 스트레스 받은 일을 적고 이완연습을 하기 전과 후의 기분을 기록합니다.

월/일	스트레스: 무슨 일이 있었나요?	이완연습 전의 기분 (0-10)	이완연습 후의 기분(0-10)
/			
/			
/			
/			
/			
/			
/			

* 이완연습 녹음파일은 사회평론 홈페이지(www.sapyoung.com)의 아카데미 자료실에서 다운로드 받을 수 있습니다.

자신감 있는 나

기분온도계

일주일 동안 여러분의 기분이 어땠는지 기분온도계에 표시해 보세요.

기분과 행동

아침에 일어났는데 기분이 우울했다. 일어나기도 싫었다. 이불에 계속 누워있었다. 몸은 편했지만 더 이상 잠도 오지 않고 할 일도 없으니 더 우울해졌다. 엄마가 강아지에게 밥을 주란다. "왜 맨날 나만 밥을 줘야 돼"라고 엄마에게 투덜거렸다. 강아지 밥을 주기 위해 일어나지 않아도 돼서 덜 귀찮았지만 엄마에게 짜증을 내고 나니 기분이 더 나빴다. 오늘은 한 일도 없고 정말 엉망진창이다.

일기를 쓰는 슬기의 기분은?

운찬이의 일기
2021년 4월 24일 토요일

아침에 일어났는데 기분이 우울했다. 일어나기도 싫었다. 억지로 일어나서 세수를 했다. 물이 시원했다. 아빠가 고양이에게 물을 주라고 했다. 귀찮지만 "네" 하고 고양이에게 물을 주니 귀엽게 먹는다. 기운이 좀 나서 나도 밥을 먹고 지난 주에 못 만든 프라모델을 꺼내서 조립했다. 내일이면 프라모델을 다 완성할 수 있을 것 같다.

일기를 쓰는 운찬이의 기분은?

일기를 쓰는 지금 슬기와 운찬이의 기분은 왜 다를까요?

활동 3 투덜이와 명랑이의 전학 첫날

투덜이가 새 학교로 전학을 갑니다. 교문에 들어선 투덜이는 "어휴, 운동장이 넓어서 언제 교실까지 가, 힘들게"라고 투덜거립니다. 열린 교실 문으로 투덜이는 활기차게 이야기하고 있는 반 아이들을 봅니다. 투덜이는 '망했다. 애들이 왜 이렇게 시끄럽지' 라고 생각하면서 학교생활을 걱정합니다. 투덜이는 반 아이들 앞에서 조그만 목소리 로 힘없게 자기소개를 합니다. 선생님은 투덜이의 자리를 알려줍니다. 투덜이는 굳은 얼굴로 어깨를 떨구고 자리에 앉아 고개를 숙입니다.

명랑이도 새 학교로 전학을 갑니다. 교문에 들어선 명랑이는 "와, 운동장이 넓어서 놀기 좋겠다"라고 말합니다. 열린 교실 문으로 명랑이는 활기차게 이야기하고 있는 반 아이들을 봅니다. 명랑이는 '우리반 아이들은 활발하구나. 학교생활이 재미있겠는 걸'하고 생각합니다. 명랑이는 반 아이들 앞에서 웃으면서 큰 목소리로 자기소개를 합 니다. 선생님이 명랑이의 자리를 알려줍니다. 명랑이는 짝에게 먼저 반갑게 인사를 합 니다.

투덜이와 명랑이의 행동은 어떻게 다른가요?

투덜이
•
•
•
•
•

명랑이
•
•
•
•
•

짝은 투덜이를 어떻게 생각할까요?

_____

짝은 명랑이를 어떻게 생각할까요?

_____

활동 4 우울할 때의 나

여러분이 우울하고 자신감 없었을 때를 떠올려 보세요.

언제였나요? ______________________________

누구와 함께 있었나요? ______________________

어디에 있었나요? __________________________

여러분은 어떻게 행동했나요?

- ____
- ____
- ____
- ____

여러분의 모습을 동영상으로 찍어 보세요.

자신감 있을 때의 나

여러분이 밝고 자신감 있었던 때를 떠올려 보세요.

언제였나요? _____

누구와 함께 있었나요? _____

어디에 있었나요? _____

여러분은 어떻게 행동했나요?

- _____

- _____

- _____

- _____

여러분의 모습을 동영상으로 찍어 보세요.

우울하고 자신감 없을 때와 밝고 자신감 있을 때의 행동은 어떻게 다른가요?

_____

친구는 여러분을 어떻게 생각할까요?

_____

연습과제 자신감 있는 나

밝고 자신감 있게 행동하는 방법을 배웠습니다. 이제 학교와 집에서 밝고 자신감 있게 행동할 차례입니다.

언제 : _____   어디서: _____

자신감 있는 나가 되기 위해서 어떻게 행동할지 구체적으로 적어주세요.

- _____

- _____

- _____

- _____

연습 전의 기분은?

연습 후의 기분은?

도전하는 나

기분온도계

일주일 동안 여러분의 기분이 어땠는지 기분온도계에 표시해 보세요.

나의 재능은?

사람은 누구나 자신 안에 반짝반짝 빛나는 보석 같은 재능을 갖고 있습니다. 재능이 란 무엇을 남달리 솜씨 있게 하는 기술인 재주와 어떤 일을 해낼 수 있는 힘인 능력을 말합니다.

☆ 여러분은 어떤 재능을 갖고 있습니까?

_____   _____

☆ 여러분이 갖고 싶은 재능은 무엇입니까?

_____   _____

☆ 여러분이 앞으로 갈고 닦고 싶은 재능은 무엇입니까?

_____   _____

여러분이 갈고 닦을 재능을 떠올리기 어렵다면 아래 목록에서 찾아보세요.

☐ 1. 센스 있게 멋 내기	☐ 26. 태권도
☐ 2. 머리 손질하기	☐ 27. 검도
☐ 3. 공기하기	☐ 28. 택견
☐ 4. 실뜨기	☐ 29. 특공무술
☐ 5. 사진 찍기	☐ 30. 테니스
☐ 6. 마술	☐ 31. 배드민턴
☐ 7. 타자	☐ 32. 탁구
☐ 8. 파워포인트	☐ 33. 농구
☐ 9. 포토샵	☐ 34. 축구
☐ 10. 장기	☐ 35. 야구
☐ 11. 바둑	☐ 36. 덤블링
☐ 12. 체스	☐ 37. 요가
☐ 13. 요요	☐ 38. 만화그리기
☐ 14. 저글링	☐ 39. 그림그리기
☐ 15. 큐브 맞추기	☐ 40. 웹툰 그리기
☐ 16. 유머	☐ 41. 엽서 디자인
☐ 17. 댄스	☐ 42. 카드 디자인
☐ 18. 줄넘기	☐ 43. 글씨체 디자인
☐ 19. 달리기	☐ 44. 손글씨(POP)
☐ 20. 홀라후프	☐ 45. 재활용품 이용한 만들기
☐ 21. 수영	☐ 46. 인형옷 만들기
☐ 22. 인라인 스케이트	☐ 47. 클레이
☐ 23. 스케이트	☐ 48. 도예
☐ 24. 보드	☐ 49. 비즈 공예
☐ 25. 자전거	☐ 50. 뜨개질

- ☐ 51. 십자수
- ☐ 52. 종이접기
- ☐ 53. 프라모델 조립
- ☐ 54. 레고 만들기
- ☐ 55. 보드게임 만들기
- ☐ 56. 게임 만들기
- ☐ 57. 요리하기
- ☐ 58. 작사하기
- ☐ 59. 작곡하기
- ☐ 60. 소설 쓰기
- ☐ 61. 시나리오 쓰기
- ☐ 62. 노래하기
- ☐ 63. 휘파람 불기
- ☐ 64. 바이올린
- ☐ 65. 우쿠렐라
- ☐ 66. 기타
- ☐ 67. 피아노
- ☐ 68. 리코더
- ☐ 69. 멜로디언
- ☐ 70. 하모니카
- ☐ 71. 단소
- ☐ 72. 실로폰
- ☐ 73. 장구
- ☐ 74. 드럼
- ☐ 75. 바이올린

- ☐ 76. 첼로
- ☐ 77. 영어 말하기
- ☐ 78. 중국어 말하기
- ☐ 79. 일본어 말하기
- ☐ 80. 수수께끼
- ☐ 81. 빠르고 정확한 계산
- ☐ 82. 한자
- ☐ 83. 발명
- ☐ 84. 동물
- ☐ 85. 식물
- ☐ 86. 우주
- ☐ 87. 코딩
- ☐ 88. 역사
- ☐ 89. 별자리
- ☐ 90. 사자성어
- ☐ 91. 유연성 기르기
- ☐ 92. 체력 기르기
- ☐ 93. 반려동물 돌보기
- ☐ 94. 동영상 편집하기
- ☐ 95. 홈페이지 만들기
- ☐ 96. 컴퓨터 수리하기
- ☐ 97. 컴퓨터 조립하기
- ☐ 98. 토론하기
- ☐ 99. 옷 코디
- ☐ 100. 제과 제빵

활동 4 도전할 목표 정하기

목표를 구체적으로 정하면 재능을 갈고 닦기 위해 무엇을 해야 하는지가 분명해 집니다.

운찬이는 좀 많~이 썰렁합니다. 이번에는 자신 안에 꽁꽁 숨어서 도저히 보이지 않는 '유머'를 길러보고 싶습니다. 다음 달에 아빠 생일이 있어요. 아빠 생일날 '무뚝뚝한 아빠를 웃겨라'가 구체적인 목표입니다.

슬기는 만화 그리는 것을 좋아합니다. 예전에는 곧잘 그린다는 얘기를 들었는데 요즘에는 안 그렸더니 실력이 예전만 못합니다. 슬기는 '만화 그리기 실력'을 갈고 닦기로 했어요. 슬기의 구체적인 목표는 '4컷짜리 만화 두 장을 만들기'입니다.

나의 구체적인 목표는?

도전 사다리

운찬이는 아빠 생일날 무뚝뚝한 아빠를 웃기기 위한 도전 사다리를 다음과 같이 만들었습니다.

운찬이의 도전 사다리

재능: 유머

목표: 무뚝뚝한 아빠를 웃겨라!

날짜 / 싸인

6단계: 아빠 생신 전날 몰래 연습하기   /

5단계: 잘 웃는 엄마, 동생에게 연습해 보기   /

4단계: 웃긴 표정을 짓고 동작도 하면서 재미있는
        이야기를 말하기   /

3단계: 웃긴 표정을 지으면서 재미있는 이야기를
        말하기   /

2단계: 웃긴 친구나 개그맨의 동작과 표정을 따라
        하기   /

1단계: 재미있는 이야기를 모으기   /

슬기의 도전 사다리

슬기의 도전 사다리입니다. 슬기가 4컷 만화 두 장을 완성하기 위해서 2단계와 5단계
에서는 무엇을 해야 할까요?

	날짜 / 싸인
재능: 만화 그리기 실력	
목표: 4컷 만화 두 장 완성하기	
6단계: 만화 색칠하기	/
5단계:	/
4단계: 대략적인 밑그림 그리면서 말풍선 내용 넣기	/
3단계: 그리고 싶은 만화 주제, 등장인물, 이야기 만들기	/
2단계:	/
1단계: 만화책 한 권을 골라 등장인물 따라 그리기	/

도전 사다리 만들기

여러분의 도전 사다리를 만들어 보세요. 여러분이 갈고 닦을 재능과 구체적인 목표를 적어수세요. 목표를 이루기 위한 작은 단계들도 만듭니다.

나의 도전 사다리

재능:
_____

목표:
_____

날짜 / 싸인

6단계: _____ /

5단계: _____ /

4단계: _____ /

3단계: _____ /

2단계: _____ /

1단계: _____ /

시작이 반이다!

시작이 반이라는 말이 있습니다. 여러분이 만든 도전 사다리를 한 단계 올라가 봅시다.

연습 전의 기분은?

연습 후의 기분은?

도전하는 나

연습과제는 도전 사다리의 계단을 올라가는 것입니다. 재능을 갈고 닦는 연습을 하기 진과 언습을 한 후의 기분을 꼭 비교해 보세요. 활동 6의 여러분의 도전 사다리를 참 고하세요.

연습한 단계: _____

연습 전의 기분은?

연습 후의 기분은?

함께하는 나

기분온도계

일주일 동안 여러분의 기분이 어땠는지 기분온도계에 표시해 보세요.

활동 2 운찬이의 속마음

얼마 전 운찬이는 '쫑이'라는 개를 하늘나라로 떠나보냈습니다. 쫑이는 운찬이가 세 살 때부터 기르던 개인데 심심할 때 같이 놀 수 있는 친구였고 늘 함께 있는 가족이었습니다. 운찬이는 학교가 끝나고 집에 갈 때마다 쫑이가 없다는 생각에 어깨가 축 처지곤 합니다. 예전에는 집에 돌아온 운찬이를 가장 먼저 반겨주는 것도 쫑이였습니다. 친구에게 화났던 일도, 부모님에게 혼났던 일도 쫑이에게 얘기하면, 왠지 내 맘을 알고 위로해주는 것 같았습니다. 요즘 부쩍 쫑이 생각으로 울적합니다.

운찬이는 '쫑이가 없어서 심심해', '지금 쫑이가 있었더라면 얼마나 좋을까', '쫑이가 보고 싶다. 나한테 왜 이런 일이 생긴 거야'라고 종일 쫑이 생각을 했습니다.

때로는 쫑이가 마치 없었던 것처럼 잊어버리려고 했습니다. 쫑이 사진도 보이지 않도록 치우고는 '생각하지 말자, 생각하지 말자'고 반복해서 다짐하고, 아무렇지도 않은 척 무덤덤하게 지내려고 했습니다.

어느 날 운찬이는 짝 슬기에게 쫑이 얘기를 털어놓았습니다. 슬기에게 쫑이 얘기를 하자 슬기도 자신의 죽은 햄스터 얘기를 해주었습니다. 슬기는 운찬이에게 "너무 슬프지. 하지만 시간이 좀 지나면 조금씩 나아질 거야"라고 말해줍니다.

여러분은 운찬이처럼 힘든 일이 있을 때, 어떻게 할 건가요?

지금 함께하고 있는 사람

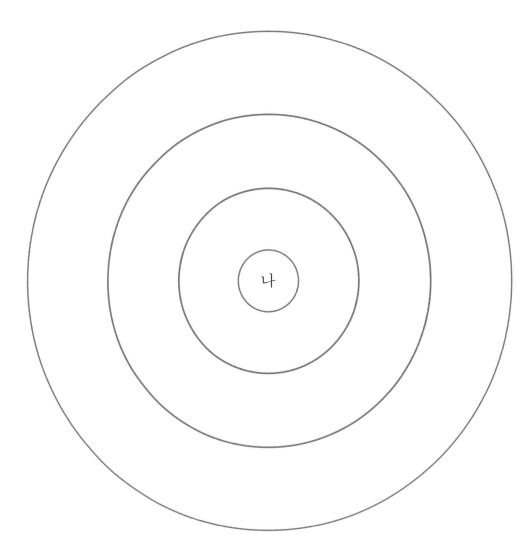

〈이야기 주제〉	
① 일상의 소소한 잡담	② 공통의 관심사: 게임, 웹툰, 연예인 등
③ 가족과 친척	④ 친구
⑤ 학교생활	⑥ 외모
⑦ 유머, 농담	⑧ 고민거리
⑨ 비밀	⑩

활동 4 앞으로 함께하고 싶은 사람

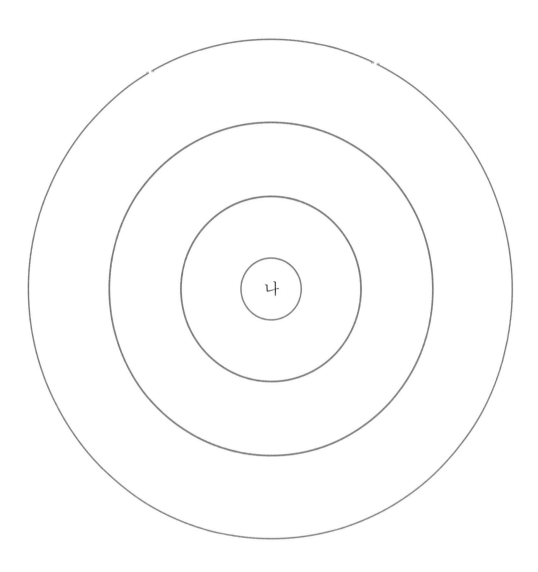

〈이야기 주제〉	
① 일상의 소소한 잡담	② 공통의 관심사: 게임, 웹툰, 연예인 등
③ 가족과 친척	④ 친구
⑤ 학교생활	⑥ 외모
⑦ 유머, 농담	⑧ 고민거리
⑨ 비밀	⑩

함께 마음을 나누기

함께 마음을 나누기를 지금, 여기서 연습합니다.

지금 여러분의 기분을 기분온도계에 표시하세요.

```
-10
-9
-8
-7
-6
-5
-4
-3
-2
-1
-0
```

이야기를 나눈 후의 기분을 표시하세요.

```
-10
-9
-8
-7
-6
-5
-4
-3
-2
-1
-0
```

함께하는 나

두 명을 선택해서 한 명과는 여러분이 하고 싶은 이야기를 나누고 다른 한 명과는 고민을 나누세요. 기분온도계의 점수를 표시하는 것도 잊지 마세요.

_____ 와 _____ 을 함께 이야기 했어요.

함께 나누기 전   함께 나눈 후

_____ 와 함께 _____ 고민을 나누었어요.

함께 나누기 전   함께 나눈 후

문제해결사란?

기분온도계

일주일 동안 여러분의 기분이 어땠는지 기분온도계에 표시해 보세요.

활동 2 · 문·제·해·결·사

문제해결사

문: 문제가 뭐지?

제: 제시해 보자! 해결 방법을

해: 해결 방법의 장단점을 생각해 보자!

　　장단점을 생각할 때 도움이 되는 질문들

　　• 이 방법이 정말 문제를 해결해 줄까?

　　• 이 방법을 사용하면 어떤 결과가 생길까?

　　• 실제로 사용할 수 있는 방법인가?

　　• 이 방법을 사용하면 다른 문제가 생기지는 않을까?

결: 결정하자! 최선의 방법을

사: 사용해 보자!

　　도움이 되었다면 해결 끝~

　　그렇지 않다면, 다른 해결방법을 사용해 보자.

활동 3 창의적인 문제해결사

다음 문제 중 하나를 골라 해결해 봅시다.

컴퍼스를 사용하지 않고 10cm 지름의 원을 그리기

손을 사용하지 않고 책상 위에 있는 책의 첫 장을 펼치기

손을 사용하지 않고 상담실의 문을 열기

문제해결사

문: 문제가 뭐지?

_____

제: 제시해 보자! 해결 방법을

1. _____

2. _____

3. _____

4. _____

해: 해결 방법의 장단점을 생각해 보자!

장점	단점
1. _____	1. _____
2. _____	2. _____
3. _____	3. _____
4. _____	4. _____

결: 결정하자! 최선의 방법을

_____

사: 사용해 보자!

_____

듣는 문제해결사

게임을 할 때도 **문제해결사**를 잘 써야 이길 수 있습니다. 믿기지 않는다면, 게임을 하
면서 **문제해결사**를 어떻게 사용하는지 잘 들어 보세요.

문제해결사가 필요해

문제해결사가 필요한 상황을 찾아보세요. 기분이 나쁘거나 우울할 때가 **문제해결사**가 필요한 신호등이 켜진 때라는 것을 기억하세요. 가능한 많은 상황을 찾아보세요.

문제해결사

문제가 뭐지?

제시해 보자! 해결 방법을

해결 방법의 장단점을 생각해 보자!

결정하자! 최선의 방법을

사용해 보자!

문제가 뭐지?

_____

문제가 뭐지?

_____

문제가 뭐지?

_____

문제가 뭐지?

_____

문제가 뭐지?

_____

문제가 뭐지?

_____

생각을 바꾸는
문제해결사

문제해결사를 연습하기

기분온도계

일주일 동안 여러분의 기분이 어땠는지 기분온도계에 표시해 보세요.

활동 2 운찬이의 문제해결사

문: 문제가 뭐지?

집에서 상남실이 멀어서 차를 타고 오는 시간이 지루해요.

제: 제시해 보자! 해결방법을

1. 스마트폰으로 게임을 하거나 동영상을 본다.

2. 잠을 잔다.

3. 말로 하는 간단한 게임(수수께끼, 스무고개, 끝말잇기)을 한다.

4. 차 안에서 학원 숙제를 한다.

5. _____

해: 해결 방법의 장단점을 생각해 보자!

장점	단점
1. 재미있어서 시간이 금방 간다.	1. 멀미를 해서 어지럽다.
2. 휴식이 된다. 피곤함이 줄어든다.	2. 밤에 잠이 안 올 수 있다.
3. 게임을 함께해서 기분이 좋아진다.	3. 상대방이 하기 싫다고 할 수 있다.
4. 숙제시간을 절약해서 그만큼 집에서 놀 수 있다.	4. 차가 흔들려서 글씨 쓰는 숙제는 하기 힘들다.
5. _____	5. _____

결: 결정하자! 최선의 방법을

사: 사용해 보자!

_____

활동 3   슬기의 문제를 해결해요

문: 문제가 뭐지?

연습과제를 자꾸 잊어버려서 못 해와요. _____

제: 제시해 보자! 해결방법을

1. _____

2. _____

3. _____

4. _____

해: 해결 방법의 장단점을 생각해 보자!

장점	단점
1. _____	1. _____
2. _____	2. _____
3. _____	3. _____
4. _____	4. _____

결: 결정하자! 최선의 방법을

_____

사: 사용해 보자!

_____

상담을 도와주는 문제해결사

상담에서 우리가 함께 해결해야 할 문제가 무엇인지 찾아보세요

문제해결사

문: 문제가 뭐지?

_____

제: 제시해 보자! 해결 방법을

1. _____

2. _____

3. _____

4. _____

해: 해결 방법의 장단점을 생각해 보자!

장점 | 단점

1. _____ 1. _____

2. _____ 2. _____

3. _____ 3. _____

4. _____ 4. _____

결: 결정하자! 최선의 방법을

_____

사: 사용해 보자!

_____

91

말하는 문제해결사

구구단을 배울 때 소리 내서 외웠듯이 **문제해결사**를 연습하기 위한 가장 좋은 방법은 자신의 머릿속에 있는 생각을 소리 내서 말하는 것입니다. 여러분의 머릿속 문제해결 과정을 소리 내서 말해주세요.

문제해결사가 필요해

문제해결사가 필요한 상황을 찾아보세요. 기분이 나쁘거나 우울할 때가 **문제해결사**가 필요한 신호등이 켜진 때라는 것을 기억하세요. 가능한 많은 상황을 찾아보세요.

문제해결사

문제가 뭐지?

제시해 보자! 해결 방법을

해결 방법의 장단점을 생각해 보자!

결정하자! 최선의 방법을

사용해 보자!

문제가 뭐지?

_____

문제가 뭐지?

_____

문제가 뭐지?

_____

문제가 뭐지?

_____

문제가 뭐지?

_____

문제가 뭐지?

_____

나는 생각을 바꾸는
문제해결사

문제해결사가 되기

기분온도계

일주일 동안 여러분의 기분이 어땠는지 기분온도계에 표시해 보세요.

활동 2 슬기의 문제해결사

문: 문제가 뭐지?

짝이 내 학용품을 허락도 받지 않고 자꾸 가져가서 써요.

제: 제시해 보자! 해결방법을

1. 선생님께 말씀드린다.

2. 내가 지금 쓰는 것만 빼고 숨겨놓는다.

3. 얘기하고 빌려가라고 말한다.

4. 화를 내며 "야! 너 왜 내거 가져가?"라고 말한다.

5. _____

해: 해결 방법의 장단점을 생각해 보자!

장점	단점
1. 선생님께서 해결해 주신다.	1. 일렀다고 짝이 기분 나빠한다.
2. 짝이 가져가는 일이 없다.	2. 숨기는 게 불편하다. 숨기는 걸 알면 짝이 기분 나빠할 수 있다.
3. 나에게 허락받고 빌려가기를 바란다는 걸 짝이 알 수 있다.	3. 내가 화난 줄 모르고 또 그럴 수 있다.
4. 내가 화가 났다는 걸 확실히 표현할 수 있다.	4. 짝이 기분 나빠하고 싸움이 날 수 있다.
5.	5.

결: 결정하자! 최선의 방법을

_____

사: 사용해 보자!

_____

활동 3 고민을 도와주는 문제해결사

여러분이 해결해야 할 문제를 한 가지 생각해 보세요.

문제해결사

문: 문제가 뭐지?

_____

제: 제시해 보자! 해결 방법을

1. _____

2. _____

3. _____

4. _____

해: 해결 방법의 장단점을 생각해 보자!

장점	단점
1. _____	1 . _____
2. _____	2 . _____
3. _____	3 . _____
4. _____	4 . _____

결: 결정하자! 최선의 방법을

_____

사: 사용해 보자!

_____

재미있게 도와주는 문제해결사

오목 게임을 하는 동안 어떤 문제를 어떻게 해결했나요?

문제해결사

문: 문제가 뭐지?

_____

제: 제시해 보자! 해결 방법을

1. _____

2. _____

3. _____

4. _____

해: 해결 방법의 장단점을 생각해 보자!

장점	단점
1. _____	1. _____
2. _____	2. _____
3. _____	3. _____
4. _____	4. _____

결: 결정하자! 최선의 방법을

_____

사: 사용해 보자!

_____

문제해결사가 되기

문제해결사가 필요한 상황을 찾아보세요. 기분이 나쁘거나 우울할 때가 **문제해결사**가 필요한 신호등이 켜진 때라는 것을 기억하세요. 문제해결 후에 결과를 확인하는 것도 잊지 마세요.

문제해결사

문: 문제가 뭐지?

_____

제: 제시해 보자! 해결 방법을

1. _____

2. _____

3. _____

4. _____

해: 해결 방법의 장단점을 생각해 보자!

장점	단점
1. _____	1. _____
2. _____	2. _____
3. _____	3. _____
4. _____	4. _____

결: 결정하자! 최선의 방법을

_____

사: 사용해 보자!

_____

생각 바꾸기: 더 안 좋다

기분온도계

일주일 동안 여러분의 기분이 어땠는지 기분온도계에 표시해 보세요.

활동 2 생각이 왜 중요할까?

생각에 따라 여러분의 기분과 행동은 달라질 수 있습니다.

슬기의 가족들은 창밖으로 펑펑 내리는 눈을 보면서 서로 다른 생각을 하고 있습니다.
슬기 가족들의 생각을 한번 살펴볼까요?

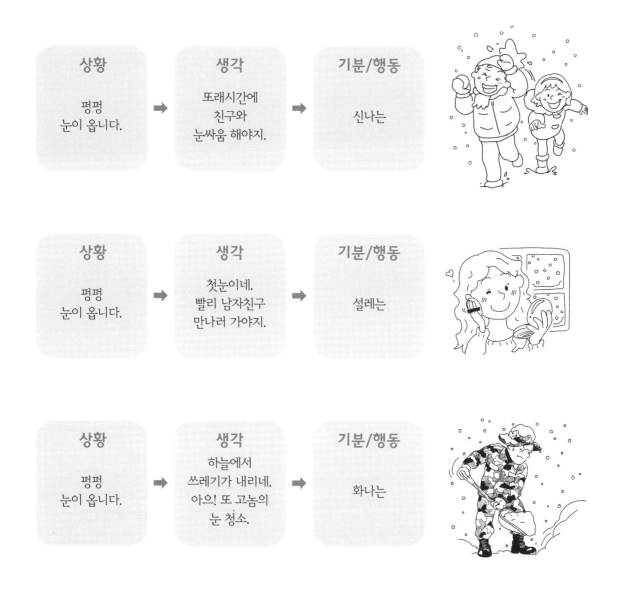

상황	생각	기분/행동
펑펑 눈이 옵니다.	또래시간에 친구와 눈싸움 해야지.	신나는

상황	생각	기분/행동
펑펑 눈이 옵니다.	첫눈이네. 빨리 남자친구 만나러 가야지.	설레는

상황	생각	기분/행동
펑펑 눈이 옵니다.	하늘에서 쓰레기가 내리네. 아의! 또 고놈의 눈 청소.	화나는

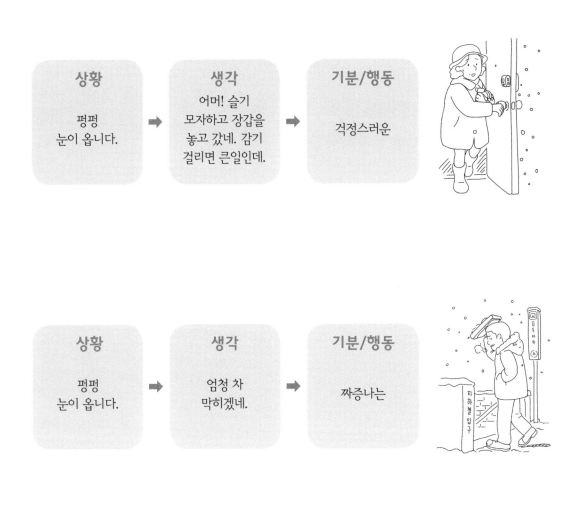

상황	생각	기분/행동
펑펑 눈이 옵니다.	어머! 슬기 모자하고 장갑을 놓고 갔네. 감기 걸리면 큰일인데.	걱정스러운

상황	생각	기분/행동
펑펑 눈이 옵니다.	엄청 차 막히겠네.	짜증나는

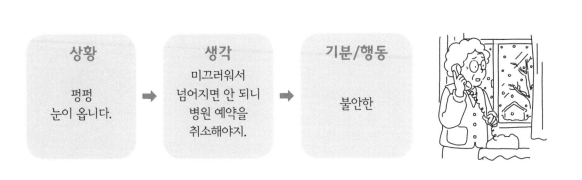

상황	생각	기분/행동
펑펑 눈이 옵니다.	미끄러워서 넘어지면 안 되니 병원 예약을 취소해야지.	불안한

활동 3 생각이 먼저!

생각이 먼저입니다. 기분과 행동을 바꾸려면 생각을 바꾸어야 합니다.

상황		생각		기분/행동
친구들이 운동장에서 놀고 있다.	→	나만 빼고 놀고 있네.	→	슬픈

상황		생각		기분/행동
친구들이 운동장에서 놀고 있다.	→	와, 친구들이다.	→	즐거운

부정적인 생각이란?

부정적인 생각은 검은 선글라스를 끼고 세상을 보는 것 즉, 나와 다른 사람과 세상에 대해서 실제보다 **더 안 좋다**고 생각하는 것입니다. **더 안 좋다**는 생각은 여러분을 우울하게 합니다.

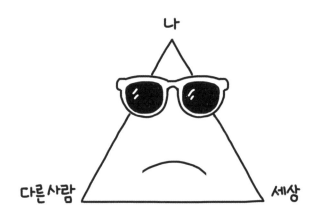

다음은 우리가 흔히 하는 부정적인 생각들입니다.

더 안 좋 다

더 : 더 나쁘게 생각하기. 실제보다 더 나쁘게 과장해서 생각하기

안 : "안 될 거야"라고 생각하기. 결과가 나쁠 거라고 예상하기

좋 : 좋은 면을 무시하기. 좋은 면은 무시하고 나쁜 면에만 주의를 기울이기

다 : "다 내 탓이야"라고 생각하기. 나쁜 일이 생기면 "내 탓이야"라고 자기를 비난하기

더 안 좋다는 생각

················ **더** 나쁘게 생각하기 ················

상황		생각		기분/행동
친구가 생일파티에 나를 초대하지 않았다.	➡	나는 인기가 없어. 나를 좋아하는 친구는 없어.	➡	우울한

················ "**안** 될 거야"라고 생각하기 ················

상황		생각		기분/행동
내일 줄넘기 수행평가가 있다.	➡	처음부터 발에 걸려서 하나도 못할 거야.	➡	우울한

················ **좋**은 면을 무시하기 ················

상황		생각		기분/행동
국어는 90점인데, 수학이 70점이다.	➡	시험을 완전 망쳤어.	➡	우울한

················ "**다** 내 탓이야"라고 생각하기 ················

상황		생각		기분/행동
친구에게 인사했는데 그냥 지나갔다.	➡	내가 친구한테 잘못한 일이 있어서 화가 난 거야.	➡	우울한

다음의 생각은 **더, 안, 좋, 다** 중 무엇에 해당할까요? ○표 해보세요.

더 안 좋 다

상황		생각		기분/행동
축구 시합에서 우리 팀이 졌다.	⇒	내가 패스할 때 실수해서 진 거야.	⇒	우울한

더 안 좋 다

상황		생각		기분/행동
방학이 일주일 남았다.	⇒	방학 동안 한 일이 하나도 없어.	⇒	우울한

더 안 좋 다

상황		생각		기분/행동
내일 새 학년이 시작된다.	⇒	친구를 사귀지 못할 거야.	⇒	우울한

더 안 좋 다

상황		생각		기분/행동
친구들이 보드게임에 끼워주지 않는다.	⇒	날 싫어하는 거야.	⇒	우울한

더 안 좋다는 생각을 찾아라

부정적인 기분이 들었던 상황을 생각해 보세요. 그때 무슨 일이 있었는지(상황), 무슨 생각을 했는지(생가) 써보세요. 기분/행동이 어땠는지를 온도계에 표시하세요.

상황	생각	기분/행동
➡	➡	
➡	➡	
➡	➡	

109

생각 바꾸기: 더 안 좋다는 생각 찾기

기분온도계

일주일 동안 여러분의 기분이 어땠는지 기분온도계에 표시해 보세요.

더 안 좋다는 내 생각 찾기 1

다음의 상황에서 떠오르는 나의 생각과 기분/행동을 쓰고, **더**, **안**, **좋**, **다** 중 무엇에 해당하는지 ○표 해보세요.

· 더 안 좋 다 ·

상황	생각	기분/행동
시험 첫날, 시험을 잘 못 봤다.		

· 더 안 좋 다 ·

상황	생각	기분/행동
친구들이 나를 힐끔거리면서 수군댄다.		

· 더 안 좋 다 · · · · · · · · · · · · · · · · · · ·

상황	생각	기분/행동
부모님에게 야단을 맞고 있다.		

· · · · · · · · · · · · · · · · · · · 더 안 좋 다 ·

상황	생각	기분/행동
친구들이 내 외모를 놀린다.		

더 안 좋다는 내 생각 찾기 2

문장완성하기 게임입니다.

카드의 밑줄 부분을 완성하여 말해 보세요. 여러분이 말한 생각이나 다른 사람이 말한 생각이 '더 안 좋다'는 생각이면 "더 안 좋다!"를 외치세요. 빨리 외친 사람이 말할 기회를 가질 수 있습니다.

방금 말한 생각이 더, 안, 좋, 다 중 무엇에 해당할까요? 정답을 맞히면 점수를 얻을 수 있습니다.

친구들이 내 별명을
부르며 웃을 때,
내 기분은…

내 생각을 찾아라

다음 글을 읽고 슬기의 부정적인 생각을 찾아 밑줄을 그어 보세요. **더, 안, 좋, 다** 중 무엇에 해당하는지 말해 보세요.

  1시간 후에 영어학원에 가야 한다. 방문을 닫고 책상 앞에 앉아 영어 숙제할 페이지를 펼친다. 첫 문장부터 모르는 단어가 있다.

슬기 : '사전 찾기 귀찮네. 인터넷에서 찾아봐야지.'
핸드폰을 연다. 화면에 내가 좋아하는 게임이 눈에 띈다.

슬기 : '이거 한 판만 하고 숙제해야지. 잠깐만 하면 숙제할 시간 충분할 거야.'
게임을 시작한다. 거의 다 이겼는데 game over가 뜬다.

슬기 : '아, 아깝다. 깰 수 있었는데… 딱 한 판만 더 해야지.'
게임을 다시 시작한다. 정적이 흐르고 슬기의 손은 바쁘게 움직인다.

슬기 : (미소를 지으며) '앗싸, 이겼다! 근데 몇 시지?'
시계로 눈이 간다. 30분이 흘렀다.

슬기 : (깜짝 놀란 표정) '헉, 30분밖에 안 남았어. 큰일 났다.'
  (울상을 지으며) '다 못할 텐데 어쩌지? 게임을 왜 시작해가지고… 아, 망했다.'
  (힘이 쭉 빠진다) '어차피 다 못할 거야. 몇 개 해 봤자 다 못해 가면 혼날 텐데… 아, 몰라. 안 해. 게임이나 하자.'

우울하거나 기분이 나빴던 상황을 한 가지 떠올려 보고 앞의 드라마 작가처럼 자세히 묘사해 보세요. 여러분의 부정적인 생각을 찾아 밑줄을 그어 보세요. **더, 안, 좋, 다** 중 무엇에 해당하는지 말해 보세요.

더 안 좋다는 생각을 구별하기

부정적인 기분이 들었던 상황을 생각해 보세요. 무슨 일이 있었는지(상황), 무슨 생각을 했는지(생각) 쓰고, 기분/행동이 어땠는지를 온도계에 표시하세요. 여러분의 생각이 **더, 안, 좋, 다** 중 무엇에 해당하는지 O표 해보세요.

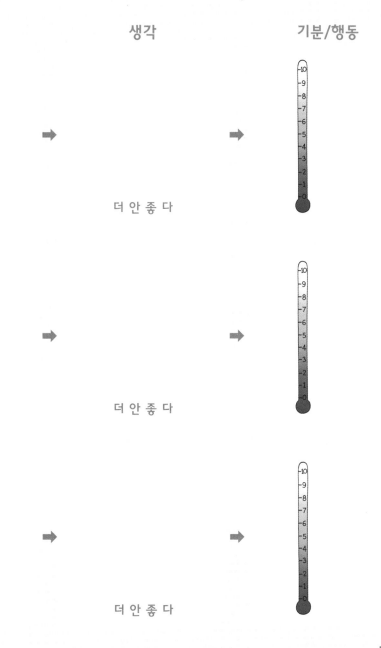

상황 　　　　 생각 　　　　 기분/행동

더 안 좋 다

더 안 좋 다

더 안 좋 다

부정적인 기분이 들었던 상황을 생각해 보세요. 무슨 일이 있었는지(상황), 무슨 생각을 했는지(생각) 쓰고, 기분/행동이 어땠는지를 온도계에 표시하세요. 여러분의 생각이 **더, 안, 좋, 다** 중 무엇에 해당하는지 O표 해보세요.

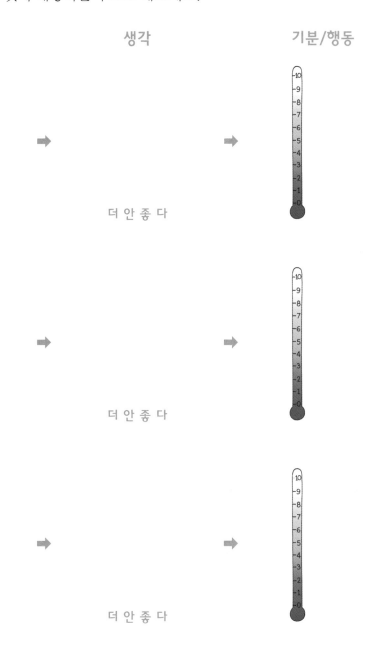

상황   생각   기분/행동

더 안 좋 다

더 안 좋 다

더 안 좋 다

생각 바꾸기: 새 친구 탐정

기분온도계

일주일 동안 여러분의 기분이 어땠는지 기분온도계에 표시해 보세요.

새 친구 탐정

여러분이 생각한 것과 실제로 일어난 일이 달랐던 경험이 있나요?

부정적인 생각을 현실적인 생각으로 바꾸려면 **'더 안 좋다'**는 검은 선글라스를 벗고 나, 다른 사람, 세상을 환하고 정확하게 보여주는 **'새 친구 탐정'**의 안경을 써야 합니다.

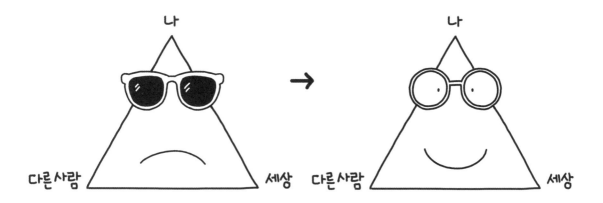

새 친구 탐정

새: 새롭게 생각해 보자. 다르게 생각할 수 있을까?

친구: 친구가 이런 생각을 한다면, 뭐라고 말할까?

탐정: 탐정처럼 생각의 증거를 찾아보자. 내 생각이 맞다는 증거는 뭘까? 내 생각이 틀리다는 증거는 뭘까?

새 친구 탐정 연습하기

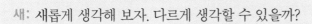

새 친구 탐징

새: 새롭게 생각해 보자. 다르게 생각할 수 있을까?

친구: 친구가 이런 생각을 한다면, 뭐라고 말할까?

탐정: 탐정처럼 생각의 증거를 찾아보자. 내 생각이 맞다는 증거는 뭘까?

내 생각이 틀리다는 증거는 뭘까?

다음의 상황에서 현실적인 생각은 무엇일까요?

수학이 60점이네.
난 공부를 정말 못해.
애들이 날 바보라고 생각할 거야.

새 친구 탐정

새: 새롭게 생각해 보자. 다르게 생각할 수 있을까?

친구: 친구가 이런 생각을 한다면, 뭐라고 말할까?

탐정: 탐정처럼 생각의 증거를 찾아보자.

내 생각이 맞다는 증거는 뭘까? 내 생각이 틀리다는 증거는 뭘까?

다음의 상황에서 현실적인 생각은 무엇일까요?

아무도 나랑 조를
하고 싶어 하지 않아.
왕따인가 봐.

활동 4 생각을 바꿔주는 새 친구 탐정

부정적인 생각과 기분이 들었던 상황을 하나 생각해 봅시다. 그 생각이 정말 현실적인 생각이었나요? '디 안 좋다'는 섬은 선글라스를 벗고 '새 친구 탐정'의 안경을 끼고 현실적인 생각을 해봅시다. 기분이 어떻게 달라지는지도 살펴봅시다.

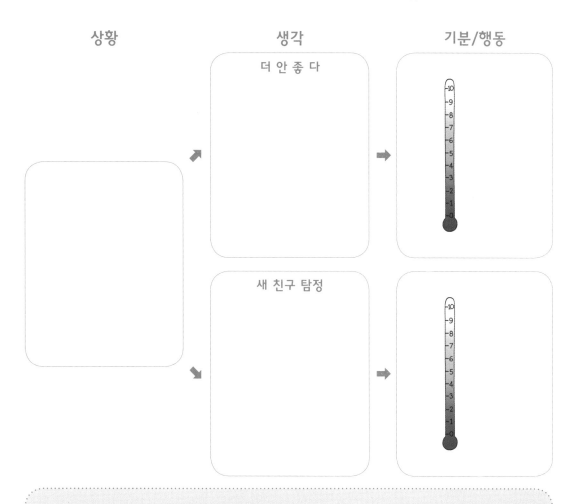

새: 새롭게 생각해 보자. 다르게 생각할 수 있을까?

친구: 친구가 이런 생각을 한다면, 뭐라고 말할까?

탐정: 탐정처럼 생각의 증거를 찾아보자.

　　　내 생각이 맞다는 증거는 뭘까? 내 생각이 틀리다는 증거는 뭘까?

새 친구 탐정 연습하기

부정적인 생각과 기분이 들었던 상황을 생각해 보세요. 그 생각이 정말 현실적인 생각이었나요? '**더 안 좋다**'는 검은 선글라스를 벗고 '**새 친구 탐정**'의 안경을 끼고 현실적인 생각을 해봅시다. 기분이 어떻게 달라지는지도 살펴봅시다.

새: 새롭게 생각해 보자. 다르게 생각할 수 있을까?

친구: **친구**가 이런 생각을 한다면, 뭐라고 말할까?

탐정: **탐정**처럼 생각의 증거를 찾아보자.

　　　내 생각이 맞다는 증거는 뭘까? 내 생각이 틀리다는 증거는 뭘까?

부정적인 생각과 기분이 들었던 상황을 생각해 보세요. 그 생각이 정말 현실적인 생각이있나요? '**너 안 좋다**'는 검은 선글라스를 벗고 '**새 친구 탐정**'의 안경을 끼고 현실적인 생각을 해봅시다. 기분이 어떻게 달라지는지도 살펴봅시다.

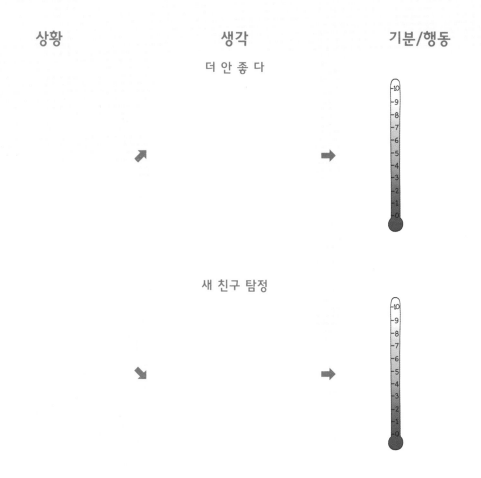

상황	생각	기분/행동

더 안 좋 다

새 친구 탐정

새: 새롭게 생각해 보자. 다르게 생각할 수 있을까?

친구: 친구가 이런 생각을 한다면, 뭐라고 말할까?

탐정: 탐정처럼 생각의 증거를 찾아보자.

　내 생각이 맞다는 증거는 뭘까? 내 생각이 틀리다는 증거는 뭘까?

부정적인 생각과 기분이 들었던 상황을 생각해 보세요. 그 생각이 정말 현실적인 생각이었나요? '**더 안 좋다**'는 검은 선글라스를 벗고 '**새 친구 탐정**'의 안경을 끼고 현실적인 생각을 해봅시다. 기분이 어떻게 달라지는지도 살펴봅시다.

상황	생각	기분/행동

더 안 좋 다

새 친구 탐정

새: 새롭게 생각해 보자. 다르게 생각할 수 있을까?

친구: 친구가 이런 생각을 한다면, 뭐라고 말할까?

탐정: 탐정처럼 생각의 증거를 찾아보자.

　　　내 생각이 맞다는 증거는 뭘까? 내 생각이 틀리다는 증거는 뭘까?

나는 생각을 바꾸는 문제해결사:
현재편

기분온도계

최근 _____ 동안 여러분의 기분이 어땠는지 기분온도계에 표시해 보세요.

나에게 해당되는 것도 있을까?

최근 이주일 동안 여러분에게 해당되는 내용이 있다면 ✔표시하세요.

- 자주 눈물이 나거나 슬프다. _____
- 자주 짜증이나 신경질이 난다. _____
- 피곤하다. _____
- 앞으로 좋은 일이 일어나지 않을 것 같다. _____
- 학교생활이 재미없다. _____
- 집중이 안 된다. _____
- 결정을 내리는 것이 어렵다. _____
- 내가 마음에 들지 않는다. _____
- 공부가 너무 힘들다. _____
- 성적이 떨어졌다. _____
- 모든 것이 귀찮다. _____
- 아무도 나를 사랑하지 않는 것 같다. _____
- 앞으로도 나는 되는 게 없을 것 같다. _____
- 일이 잘못되면 다 내 탓인 것 같다. _____
- 잠이 잘 안 오거나 너무 많이 잔다. _____
- 입맛이 없거나 너무 많이 먹는다. _____
- 외롭다. _____
- 가족이나 친구가 멀게 느껴진다. _____

여러분이 표시한 내용은 모두 몇 개인가요? _____ 개

첫 시간과 비교해서 무엇이 달라졌나요?

활동 3 무엇을 배웠나?

그 동안 여러분은 우울을 다룰 수 있는 여러 가지 방법을 배웠습니다. 여러분이 배운 우울조절기술과 그 기술을 설명하는 내용을 찾아 선으로 연결해 주세요.

문제를 효과적으로 해결하기	더 안 좋다
부정적인 생각을 현실적인 생각으로 바꾸기	새 친구 탐정
기분을 바꿔주는 신나는 활동을 하기	문제해결사
재능을 갈고 닦기	즐거운 나
밝고 자신감 있게 행동하기	자신감 있는 나
다른 사람들에게 터놓고 이야기하기	함께하는 나
나, 다른 사람, 세상에 대한 부정적인 생각을 찾기	도전하는 나
몸과 마음을 진정시켜 편안해지기	편안한 나

활동 4 어떻게 도와줄까?

나는 우울에 빠진 슬기와 운찬이를 도와줄 수 있는 생각을 바꾸는 문제해결사가 되었습니다. 나는 생각을 바꾸는 문제해결사를 사용해서 슬기와 운찬이를 도와줄 방법을 찾아 주세요.

슬기는 정민이가 집에 놀러와서 재밌게 놀았습니다. 슬기는 정민이에게 이번 주말에 또 놀러오라고 했습니다. 그런데 정민이는 다른 일이 있다며 대답을 하지 않습니다. 정민이의 말을 듣고 슬기는 너무 속상합니다

무엇을 할 수 있을까?
_____
_____
_____

슬기는 수학 시험을 망쳤습니다. 어제 문제집에서 푼 문제가 시험에 그대로 나왔는데도 틀렸습니다. 슬기는 "역시 나는 머리가 나빠. 공부해야 아무 소용없어"라고 생각하면서 우울해 합니다.

무엇을 할 수 있을까?
_____
_____
_____

운찬이는 외모 콤플렉스가 있습니다. 얼굴에 여드름이 너무 많아서 앞머리를 눈까지 내려 이마를 가렸습니다. 친구들이 놀릴까봐 이야기를 할 때도 일부러 고개를 숙여 눈을 맞추지 않습니다. 자주 한숨을 쉬고 엎드려 있는 운찬이를 보면서 친구들은 소심한 아이라고 생각합니다.

무엇을 할 수 있을까?
_____
_____
_____

운찬이는 학교를 가지 않는 날이면 집에서 나가지 않습니다. 하루 종일 침대나 소파에 누워 있거나 잠을 잡니다. 친구가 카톡을 해도 답장을 보내지 않습니다. 일요일 저녁이 되면 운찬이의 기분은 너무 나빠져서 먹는 것도 귀찮을 정도가 됩니다.

무엇을 할 수 있을까?
_____
_____
_____

나는 생각을 바꾸는 문제해결사입니까?

우울하거나 기분이 나쁠 때 기분이 나아지기 위해서 행동하는 나가 됩니다.

즐거운 나

좋아하는 즐거운 활동

_____ _____ _____

편안한 나

편안하게 해주는 이완방법

_____

자신감 있는 나

자신감이 필요한 상황

_____ _____ _____

자신감 있는 나를 보여줄 방법

_____ _____ _____

도전하는 나

갖고 싶은 재능

_____

현실적이고 구체적인 목표

_____

함께하는 나

마음을 터놓고 함께 이야기할 수 있는 사람

_____ _____ _____

우울하거나 기분이 나쁠 때 기분이 나아지기 위해서 **문제해결사가** 됩니다.

문 : 문제가 뭐지? 자주 우울해지거나 기분이 나빠지는 문제 상황 세 가지

_____ _____ _____

제 : 제시해 보자! 해결방법을

해 : 해결방법의 장단점을 생각해 보자!

결 : 결정하자! 최선의 방법을

사 : 사용해 보자!

우울하거나 기분이 나쁠 때 기분이 나아지기 위해서 **생각 바꾸기를** 합니다.

내가 자주 하는 '더 안 좋다'는 생각은 무엇입니까?

1. _____ 더 안 좋 다

2. _____ 더 안 좋 다

더: 더 나쁘게 생각하기

안: '안 될 거야'라고 생각하기

좋: 좋은 면을 무시하기

다: '다 내 탓이야'라고 생각하기

새 친구 탐정이 바꾼 현실적인 생각은 무엇입니까?

1. _____

2. _____

새: 새롭게 생각해 보자. 다르게 생각할 수 있을까?

친구: 친구가 이런 생각을 한다면, 뭐라고 말할까?

탐정: 탐정처럼 생각의 증거를 찾아보자.

나는 생각을 바꾸는 문제해결사-현재편

나는 생각을 바꾸는 문제해결사가 필요할 때: _____

_____

- 나에게 해당되는 것도 있을까?에 ✔표시한 항목
- 자주 우울해지거나 기분이 나빠지는 문제 상황
- 더 안 좋다는 생각을 하는 문제 상황

사용 전 기분

방법 1 _____

도움이 되었나요? 네 _____ 아니요 _____

⬇

방법 2 _____

도움이 되었나요? 네 _____ 아니요 _____

사용 후 기분

⬇

방법 3 _____

도움이 되었나요? 네 _____ 아니요 _____

나는 생각을 바꾸는 문제해결사가 필요할 때: _____

_____

- 나에게 해당되는 것도 있을까?에 ✔표시한 항목
- 자주 우울해지거나 기분이 나빠지는 문제 상황
- 더 안 좋다는 생각을 하는 문제 상황

사용 전 기분

방법 1 _____

도움이 되었나요? 네 _____ 아니요 _____

방법 2 _____

도움이 되었나요? 네 _____ 아니요 _____

사용 후 기분

방법 3 _____

도움이 되었나요? 네 _____ 아니요 _____

나는 생각을 바꾸는 문제해결사가 필요할 때: _____

_____

- 나에게 해당되는 것도 있을까?에 ✔표시한 항목
- 자주 우울해지거나 기분이 나빠지는 문제 상황
- 더 안 좋다는 생각을 하는 문제 상황

방법 1 _____

도움이 되었나요? 네 _____ 아니요 _____

↓

방법 2 _____

도움이 되었나요? 네 _____ 아니요 _____

↓

방법 3 _____

도움이 되었나요? 네 _____ 아니요 _____

사용 전 기분

10
9
8
7
6
5
4
3
2
1
0

사용 후 기분

10
9
8
7
6
5
4
3
2
1
0

나는 생각을 바꾸는 문제해결사:
미래편

활동 1 기분온도계

일주일 동안 여러분의 기분이 어땠는지 기분온도계에 표시해 보세요.

나는 생각을 바꾸는 문제해결사 사용후기

지난 시간에는 나는 생각을 바꾸는 문제해결사를 혼자 연습했습니다. 지난 시간의 연습 과제를 살펴보면서 여러분이 어떤 방법을 자주 사용했는지, 얼마나 도움이 되었는지 별점을 주세요.

	얼마나 자주 사용했나요?	얼마나 도움이 되었나요?
즐거운 나	☆☆☆☆☆	☆☆☆☆☆
편안한 나	☆☆☆☆☆	☆☆☆☆☆
자신감 있는 나	☆☆☆☆☆	☆☆☆☆☆
도전하는 나	☆☆☆☆☆	☆☆☆☆☆
함께하는 나	☆☆☆☆☆	☆☆☆☆☆
문제해결사	☆☆☆☆☆	☆☆☆☆☆
생각 바꾸기	☆☆☆☆☆	☆☆☆☆☆

여러분이 자주 사용했고 도움이 많이 된 방법 세 가지를 고르세요. 앞으로도 이 방법들은 여러분을 도와줄 거예요.

1. _____ 2. _____ 3. _____

나는 생각을 바꾸는 문제해결사-미래편

'**나는 생각을 바꾸는 문제해결사**'가 필요하게 될 미래의 문제나 상황을 하나 예상해서 어떤 방법을 사용할지 미리 계획을 세워봅시다.

'**나는 생각을 바꾸는 문제해결사**'가 필요할 때: _____

_____

방법 1 _____

사용전 기분점수 _____ 사용후 기분점수 _____

기분온도계

방법 2 _____

사용전 기분점수 _____ 사용후 기분점수 _____

-10
-9
-8
-7
-6
-5
-4
-3
-2
-1
-0

방법 3 _____

사용전 기분점수 _____ 사용후 기분점수 _____

'나는 생각을 바꾸는 문제해결사'가 필요하게 될 미래의 문제나 상황을 하나 예상해서
어떤 방법을 사용할지 미리 계획을 세워봅시다.

'나는 생각을 바꾸는 문제해결사'가 필요할 때: _____

_____

방법 1 _____

사용전 기분점수 _____ 사용후 기분점수 _____

기분온도계

방법 2 _____

사용전 기분점수 _____ 사용후 기분점수 _____

┌10
├9
├8
├7
├6
├5
├4
├3
├2
├1
├0

방법 3 _____

사용전 기분점수 _____ 사용후 기분점수 _____

우울이 다시 찾아오면

따뜻한 봄이 지나면 무더운 여름이 찾아오고 시원한 가을이 지나면 추운 겨울이 찾아오듯이 우울도 우리를 다시 찾아올 수 있습니다! 그러나 우울이 다시 찾아와도 괜찮습니다.

우울이라는 녀석이 다시 찾아오면.

워크북을 꺼내서 읽는다.   나는 생각을 바꾸는   상담자에게 연락한다.
문제해결사-현재편과 미래편의
계획을 실행한다.

그리고 하나 더!

이 기술들을 여러분이 성공적으로 잘 배워서 기분이 좋아질 수 있었다는 그 사실을 기억합시다.

내가 이룬 것

그 동안 내가 연습을 통해 배운 것은 무엇인가요?

_____

_____

_____

그 동안 내가 이룬 것은 무엇인가요?

_____

_____

_____

부모님은 여러분의 어떤 점을 자랑스러워하나요?

_____

_____

상담자는 여러분의 어떤 점을 자랑스러워하나요?

_____

_____

나에게 쓰는 축하 편지

_____에게

'**나는 생각을 바꾸는 문제해결사**'에 참여해서 모든 과정을 마친 것을 축하해. 우울한 기분을 바꾸는 특별한 방법을 배우고 연습하느라 수고가 많았어.

그 동안 배우고 연습한 것이 정말 많아. 우울과 기분에 대해서 배웠고 즐거운 활동을 계획하고 매일 연습했어. 기분이 나쁠 때도 편안해지는 이완연습을 했고 밝고 자신감 있게 행동했어. 친구에게 솔직하게 마음을 털어놓았고 재능을 갈고 닦아 목표를 이룰 때는 성취감도 느꼈어. 문제해결사가 되어 여러 가지 문제들을 해결하면서 자신감도 생겼어. '**더 안 좋다**'는 부정적 생각 대신 '**새 친구 탐정**'처럼 현실적으로 생각하는 법도 알았어.

매주 새로운 방법을 배우고 연습하는 것은 결코 쉬운 일이 아닌데도 끝까지 해냈어. 대단해! 이제는 혼자 힘으로도 우울해지지 않을 수 있고 위로와 도움이 필요한 친구들도 도와줄 수 있을 것 같아. 이 모든 일들을 내가 했다는 것이 너무 자랑스러워.

20   년   월   일

나에게 쓰는 축하 편지

_____에게

20   년   월   일

듣고 말하는 나

기분온도계

일주일 동안 여러분의 기분이 어땠는지 기분온도계에 표시해 보세요.

150

대화기술이란?

대화에는 말하기와 듣기가 있습니다. 이번 시간에는 대화기술을 배울 것입니다.

이야기를 잘 들어주는 친구를 떠올려 보세요.

_____

이야기를 재미있게 하는 친구를 생각해 보세요.

_____

여러분의 친구는 좋은 말하기 기술과 듣기 기술을 가졌나요?

듣는 기술

• 눈을 쳐다본다.	예 ☐	아니요 ☐
• 고개를 끄덕인다.	예 ☐	아니요 ☐
• "아", "그렇지", "인정!" 등 맞장구를 친다.	예 ☐	아니요 ☐
• 이야기를 중간에 끊지 않는다.	예 ☐	아니요 ☐
• 이야기를 들으면서 다른 행동을 하지 않는다.	예 ☐	아니요 ☐
• "그래?", "어떻게 됐어?" 등 적절한 질문을 한다.	예 ☐	아니요 ☐

말하는 기술

• 눈을 쳐다본다.	예 ☐	아니요 ☐
• 분명하게 말한다.	예 ☐	아니요 ☐
• 크지도 작지도 않은 목소리로 말한다.	예 ☐	아니요 ☐
• 말이 너무 느리거나 빠르지 않다.	예 ☐	아니요 ☐
• 표정이 자연스럽다.	예 ☐	아니요 ☐
• 자세가 바르다.	예 ☐	아니요 ☐

활동 3 듣는 기술

 다른 사람의 이야기를 듣는 것을 먼저 연습할 것입니다.

듣는 기술

	예	아니요
• 눈을 쳐다본다.	□	□
• 고개를 끄덕인다.	□	□
• "아", "그렇지", "인정!" 등 맞장구를 친다.	□	□
• 이야기를 중간에 끊지 않는다.	□	□
• 이야기를 들으면서 다른 행동을 하지 않는다.	□	□
• "그래?", "어떻게 됐어?" 등 적절한 질문을 한다.	□	□

듣는 기술

	예	아니요
• 눈을 쳐다본다.	□	□
• 고개를 끄덕인다.	□	□
• "아", "그렇지", "인정!" 등 맞장구를 친다.	□	□
• 이야기를 중간에 끊지 않는다.	□	□
• 이야기를 들으면서 다른 행동을 하지 않는다.	□	□
• "그래?", "어떻게 됐어?" 등 적절한 질문을 한다.	□	□

활동 4 말하는 기술

 이번에는 말하는 것을 연습합니다. 무엇에 대해서 얘기해 볼까?

무엇을 말해야 할지 모르겠다면, 다음 중에서 골라 보세요.

- 애완동물
- 방학에 하고 싶은 일
- 여행
- 좋아하는 운동/취미
- 좋아하는 만화
- 자기 소개하기

- 귀신 이야기
- 좋아하는 음식
- 아끼는 물건
- 무서워하는 것
- 우리 가족
- 나의 꿈

- 컴퓨터로 하고 싶은 것
- 좋아하는 TV 프로그램
- 걱정하는 것
- 좋아하는 동물
- 좋아하는 책
- 좋아하는 게임

- 좋아하는 연예인
- 내 친구
- 웃긴 이야기

말하는 기술

- 눈을 쳐다본다.   예 ☐   아니요 ☐
- 분명하게 말한다.   예 ☐   아니요 ☐
- 크지도 작지도 않은 목소리로 말한다.   예 ☐   아니요 ☐
- 말이 너무 느리거나 빠르지 않다.   예 ☐   아니요 ☐
- 표정이 자연스럽다.   예 ☐   아니요 ☐
- 자세가 바르다.   예 ☐   아니요 ☐

말하는 기술

- 눈을 쳐다본다.   예 ☐   아니요 ☐
- 분명하게 말한다.   예 ☐   아니요 ☐
- 크지도 작지도 않은 목소리로 말한다.   예 ☐   아니요 ☐
- 말이 너무 느리거나 빠르지 않다.   예 ☐   아니요 ☐
- 표정이 자연스럽다.   예 ☐   아니요 ☐
- 자세가 바르다.   예 ☐   아니요 ☐

활동 5 　토크쇼 '만나고 싶었습니다'

 학교 방송반에서 진행하는 토크쇼 '만나고 싶었습니다'에 출연했습니다. 멋진
대화기술을 보여주세요.

예상 질문

답변

예상 질문

답변

예상 질문

답변

예상 질문

답변

예상 질문

답변

대화기술 점검표

듣는 기술

• 눈을 쳐다본다.	예 ☐	아니요 ☐
• 고개를 끄덕인다.	예 ☐	아니요 ☐
• "아", "그렇지", "인정!" 등 맞장구를 친다.	예 ☐	아니요 ☐
• 이야기를 중간에 끊지 않는다.	예 ☐	아니요 ☐
• 이야기를 들으면서 다른 행동을 하지 않는다.	예 ☐	아니요 ☐
• "그래?", "어떻게 됐어?" 등 적절한 질문을 한다.	예 ☐	아니요 ☐

말하는 기술

• 눈을 쳐다본다.	예 ☐	아니요 ☐
• 분명하게 말한다.	예 ☐	아니요 ☐
• 크지도 작지도 않은 목소리로 말한다.	예 ☐	아니요 ☐
• 말이 너무 느리거나 빠르지 않다.	예 ☐	아니요 ☐
• 표정이 자연스럽다.	예 ☐	아니요 ☐
• 자세가 바르다.	예 ☐	아니요 ☐

듣기와 말하기에서 여러분의 장점은 무엇인가요?

_____

연습이 필요한 듣기와 말하기 기술은 무엇인가요?

_____

대화기술 점검표

듣는 기술

- 눈을 쳐다본다.   예 ☐   아니요 ☐
- 고개를 끄덕인다.   예 ☐   아니요 ☐
- "아", "그렇지", "인정!" 등 맞장구를 친다.   예 ☐   아니요 ☐
- 이야기를 중간에 끊지 않는다.   예 ☐   아니요 ☐
- 이야기를 들으면서 다른 행동을 하지 않는다.   예 ☐   아니요 ☐
- "그래?", "어떻게 됐어?" 등 적절한 질문을 한다.   예 ☐   아니요 ☐

말하는 기술

- 눈을 쳐다본다.   예 ☐   아니요 ☐
- 분명하게 말한다.   예 ☐   아니요 ☐
- 크지도 작지도 않은 목소리로 말한다.   예 ☐   아니요 ☐
- 말이 너무 느리거나 빠르지 않다.   예 ☐   아니요 ☐
- 표정이 자연스럽다.   예 ☐   아니요 ☐
- 자세가 바르다.   예 ☐   아니요 ☐

듣고 말하는 나

세 사람을 만나서 각각 3분 이상 즐거운 대화를 하세요. 여러분이 연습해야 할 듣기와 말하기 기술을 기억하세요.

계획하기	연습이 필요한 듣기, 말하기 기술은 무엇입니까?	대화가 즐거웠나요?
• 언 제: _____ • 어디서: _____ • 누구와: _____		
• 언 제: _____ • 어디서: _____ • 누구와: _____		
• 언 제: _____ • 어디서: _____ • 누구와: _____		

부록 1 내가 받고 싶은 보상

여러분이 받고 싶은 보상은 무엇입니까? 자신에게 의미 있는 보상을 찾아봅시다.

가족과 함께하고 싶은 활동은?

_____   _____   _____

친구와 함께하고 싶은 활동은?

_____   _____   _____

평소 해보고 싶었던 특별한 활동은?

_____   _____   _____

평소 가고 싶었던 곳은?

_____   _____   _____

평소 갖고 싶었던 것은?

_____   _____   _____

내가 듣고 싶은 말은?

_____   _____   _____

즐거운 달력

프로그램에 참여=도장 1개, 연습과제=도장 1개, 도장 4개=보상 받기

날 짜:	월 일	월 일	월 일	월 일
참 석:				
연습과제:				
보 상:		/		

날 짜:	월 일	월 일	월 일	월 일
참 석:				
연습과제:				
보 상:		/		

날 짜:	월 일	월 일	월 일	월 일
참 석:				
연습과제:				
보 상:		/		

날 짜:	월 일	월 일	월 일	월 일
참 석:				
연습과제:				
보 상:		/		

기분을 나타내는 단어

기쁜	슬픈	두려운	화난
놀란		자신감 있는	당황한
부끄러운	흥분한	불안한	우울한
만족한	지루한	괴로운	분노한

♥ 기뻤던 일을 말해 보세요.

♥ 슬펐던 일을 말해 보세요.

♥ 억울했던 일을 말해 보세요.

♥ 신났던 일을 말해 보세요.

♥ 화났던 일을 말해 보세요.

♥ 짜증났던 일을 말해 보세요.

♥ 스스로가 자랑스러웠던 순간을
말해 보세요.

♥ 후회되는 순간을 말해 보세요.

♥ 내가 행복하다고 느낄 때를 말해 보세요.

♥ 하루 중 가장 기다리는 시간은
언제인가요?

♥ 사진처럼 찍어서 간직하고 싶은 순간은
언제였나요?

♥ 하루가 너무 길게 느껴졌던 때는
언제였나요?

♥ 오늘 나의 기분은 어떤가요?

♥ 편안하게 느끼는 순간에 대해
말해 보세요.

♥ 걱정하고 있는 일은 무엇인가요?

♥ 오늘 있었던 일에 대해 말해 보세요.

🖐 한 사람을 골라 보세요. 묵찌빠를 해서 이긴 사람이 카드 한 장 갖기	🖐 한 사람을 골라 보세요. 팔씨름을 해서 이긴 사람이 카드 한 장 갖기
🖐 한 사람을 골라 보세요. 가위바위보를 해서 이긴 사람이 카드 한 장 갖기	🖐 한 번 쉬세요!
🖐 오른쪽 사람에게 카드를 두 장 주세요.	🖐 자기 카드와 오른쪽 사람의 카드를 바꾸세요.
🖐 왼쪽 사람과 10초 동안 악수를 하세요.	🖐 오른쪽 사람과 손바닥을 서로 맞대 보세요.
🖐 왼쪽 사람과 하이파이브하세요.	🖐 배를 쓰다듬으면서 코를 두드리세요.
🖐 윙크하면서 입을 크게 벌리세요.	🖐 한 사람을 골라 보세요. 눈싸움해서 이긴 사람이 카드 한 장 갖기
♥ 마음대로 어딘가 갈 수 있다면, 어디에 가서 무엇을 하고 싶나요? 이유는?	♥ 소원을 한 가지 말해 보세요.
♥ 내가 가장 듣기 싫은 말은 무엇인가요?	♥ 내가 가장 듣고 싶은 말은 무엇인가요?

♥ 우리 가족을 동물로 표현해 보세요.

♥ 사랑하는 사람과 즐거운 시간을 보냈던 때를
말해 보세요.

♥ 친구와 가장 즐겁게 놀았던 순간을 떠올리고
얘기해 보세요.

♥ 부모님에게 바라는 점을 말해 보세요.

♥ 나에게 좋은 일이 생긴다면,
누가 가장 기뻐할까요?
왜 기뻐할 것이라고 생각하나요?

♥ 나에게 슬픈 일이 생긴다면
누가 가장 생각날까요?
왜 그 사람이 생각날까요?

♥ 내가 울고 있다면,
누가 나를 위로해줄까요?
어떻게 위로해줄 것 같은가요?

♥ 어떤 친구에게 고민을 털어놓겠습니까?
왜 그 친구에게 고민을 털어놓을 건가요?

♥ 나에게 고민을 털어놓았던 사람은?
그 사람이 고민을 털어놓을 때 어떻게 느꼈나요?
왜 나에게 고민을 얘기했을까요?

♥ 내가 다른 사람을 위로해주었던
경험에 대해 얘기 나누어 보세요.

♥ 누군가 나를 위로해주었던 경험에 대해
얘기 나누어 보세요.

♥ 누군가에게 고민을 털어놓았던 경험에 대해
얘기 나누어 보세요.

문장완성 카드

부모님이 다른 형제를 칭찬하며 활짝 웃을 때 내 기분은 _____하며

그 순간 내 머리에 떠오르는 것은 _____이다.

부모님이 _____하실 때 내 기분은 _____하며

그 순간 내 머리에 떠오르는 것은 _____이다.

엄마, 아빠가 싸울 때 내 기분은 _____하며

그 순간 내 머리에 떠오르는 것은 _____이다.

부모님이 다른 형제나 친구와 나를 비교할 때 내 기분은 _____하며

그 순간 내 머리에 떠오르는 것은 _____이다.

친구에게 주말에 놀자고 했는데 시간이 없다고 하면 내 기분은 _____하며

그 순간 내 머리에 떠오르는 것은 _____이다.

현장학습 갈 때 나는 친하지 않은 애랑 짝이 되어 조용히 가는데 친구들은

서로 재미있게 떠들 때 내 기분은 _____하며

그 순간 내 머리에 떠오르는 것은 _____이다.

친한 친구가 휴일에 뭐할 건지 다른 애들에게 다 물으면서

나에겐 묻지 않을 때 내 기분은 _____하며

그 순간 내 머리에 떠오르는 것은 _____이다.

친구에게 카톡(문자)을 보냈는데 답장이 없을 때 내 기분은 _____하며

그 순간 내 머리에 떠오르는 것은 _____이다.

수행평가를 같이할 친구가 없을 때 내 기분은 _____하며

그 순간 내 머리에 떠오르는 것은 _____이다.

친구가 나 없는 데서 내 얘기를 할 때 내 기분은 _____하며

그 순간 내 머리에 떠오르는 것은 _____이다.

친구들이 내 별명을 부르며 웃을 때 내 기분은 _____하며

그 순간 내 머리에 떠오르는 것은 _____이다.

체육시간에 내가 다른 친구들보다 운동을 잘못할 때 내 기분은 _____ 하며

그 순간 내 머리에 떠오르는 것은 _____이다.

내가 좋아하는 남학생(또는 여학생)이 다른 친구를 좋아하는 걸 알았을 때

내 기분은 _____하며

그 순간 내 머리에 떠오르는 것은 _____이다.

일주일 동안 운동을 열심히 했는데도 몸무게가 그대로일 때

내 기분은 _____하며

그 순간 내 머리에 떠오르는 것은 _____이다.

친구가 내 옷차림을 보고 안 어울린다고 할 때 내 기분은 _____하며

그 순간 내 머리에 떠오르는 것은 _____이다.

모둠 활동에서 의견을 말했는데 모둠 친구들이 호응해 주지 않을 때

내 기분은 _____하며

그 순간 내 머리에 떠오르는 것은 _____이다.

학원에 가야 하는데 아직 숙제를 다 못 마쳤을 때 내 기분은 _____하며

그 순간 내 머리에 떠오르는 것은 _____이다.

시험 성적을 받았을 때 내 기분은 _____하며

그 순간 내 머리에 떠오르는 것은 _____이다.

반 대항 단체 줄넘기에서 내 발에 줄이 걸려 우리 반이 졌을 때

내 기분은 _____하며

그 순간 내 머리에 떠오르는 것은 _____이다.

시험을 못 봐서 스트레스를 풀려고 시작한 게임에서도 연거푸 졌을 때

내 기분은 _____하며

그 순간 내 머리에 떠오르는 것은 _____이다.

내가 아끼는 _____ 을 잃어버렸을 때 내 기분은 _____하며

그 순간 내 머리에 떠오르는 것은 _____이다.

학원에서 금방 돌아와서 핸드폰(또는 게임)을 하고 있는데

엄마가 _____라고 하면 내 기분은 _____하며

그 순간 내 머리에 떠오르는 것은 _____이다.

_____

_____선생님에게 혼날 때 내 기분은 _____하며

그 순간 내 머리에 떠오르는 것은 _____이다.

_____

게임을 하는데 부모님이 그만하라고 소리를 지르면 내 기분은 _____하며

그 순간 내 머리에 떠오르는 것은 _____이다.

_____

부모님이 내 성적을 걱정할 때 내 기분은 _____ 하며

그 순간 내 머리에 떠오르는 것은 _____이다.

_____

선생님께 혼이 났는데 집에 와서 부모님께도 혼나면

내 기분은 _____하며

그 순간 내 머리에 떠오르는 것은 _____이다.

_____

친한 친구들이 나에게 말하지 않고 자기들끼리만 놀러간 걸 알았을 때

내 기분은 _____하며

그 순간 내 머리에 떠오르는 것은 _____이다.

_____

친구들이 다른 애가 얘기할 땐 웃으면서 맞장구치는데

내가 하는 말에는 반응이 없을 때 내 기분은 _____하며

그 순간 내 머리에 떠오르는 것은 _____이다.

친구에게 ＿＿＿＿부탁을 했는데 안 된다고 했을 때

내 기분은 ＿＿＿＿하며

그 순간 내 머리에 떠오르는 것은 ＿＿＿＿＿＿＿＿＿＿＿＿＿＿＿＿＿이다.

친구에게 웃긴 이야기를 해줬는데 재미없다고 할 때

내 기분은 ＿＿＿＿하며

그 순간 내 머리에 떠오르는 것은 ＿＿＿＿＿＿＿＿＿＿＿＿＿＿＿＿＿이다.

친구가 새 핸드폰을 샀을 때 내 기분은 ＿＿＿＿하며

그 순간 내 머리에 떠오르는 것은

＿＿＿＿＿＿＿＿＿＿＿＿＿＿＿＿＿이다.

내 짝이 다른 친구와 같이 앉고 싶다며 자리를 바꿔달라고 할 때

내 기분은 ＿＿＿＿하며

그 순간 내 머리에 떠오르는 것은 ＿＿＿＿＿＿＿＿＿＿＿＿＿＿＿＿＿ 이다.

친구가 ＿＿＿＿＿＿할 때 내 기분은 ＿＿＿＿하며

그 순간 내 머리에 떠오르는 것은 ＿＿＿＿＿＿＿＿＿＿＿＿＿＿＿＿＿이다.

단짝 친구가 나와 싸우고 카톡 프로필 사진에 다른 친구와 찍은 사진을 올려놓으면

내 기분은 ＿＿＿＿하며

그 순간 내 머리에 떠오르는 것은 ＿＿＿＿＿＿＿＿＿＿＿＿＿＿＿＿＿이다.

거울을 볼 때 내 기분은 ＿＿＿＿하며

그 순간 내 머리에 떠오르는 것은 ＿＿＿＿＿＿＿＿＿＿＿＿＿＿＿＿＿이다.

내가 대표로 모둠 과제를 발표하는데 준비한 내용의 일부를 잊어버리고
발표하지 않았을 때 내 기분은 _____ 하며 그 순간 내 머리에 떠오르는 것은
_____ 이다.

중간고사 첫날 시험에서 예상보다 많이 틀렸을 때 내 기분은 _____ 하며
그 순간 내 머리에 떠오르는 것은 _____ 이다.

학원에 가야할 때 내 기분은 _____ 하며
그 순간 내 머리에 떠오르는 것은 _____ 이다.

시험에서 모르는 문제가 나오면 내 기분은 _____ 하며
그 순간 내 머리에 떠오르는 것은 _____ 이다.

음악 수행평가에서 노래를 부르다 실수를 했을 때 내 기분은 _____ 하며
그 순간 내 머리에 떠오르는 것은 _____ 이다.

시험 날짜가 다가올 때 내 기분은 _____ 하며
그 순간 내 머리에 떠오르는 것은 _____ 이다.

만들기 과제를 열심히 했는데 망가졌을 때 내 기분은 _____ 하며
그 순간 내 머리에 떠오르는 것은 _____ 이다.

더 즐거운 나

즐거운 활동을 몇 개 했는지, 기본은 몇 점 얻었는지 해당하는 숫자에 ○ 표 하세요.

나의 목표는 매일 즐거운 활동을 _____ 개 이상 하는 것이다.

		10	9	8	7	6	5	4	3	2	1	0
기본 점수	요일 월 일	10	9	8	7	6	5	4	3	2	1	0
즐거운 활동	월 일	10	9	8	7	6	5	4	3	2	1	0
기본 점수	요일 월 일	10	9	8	7	6	5	4	3	2	1	0
즐거운 활동	월 일	10	9	8	7	6	5	4	3	2	1	0
기본 점수	요일 월 일	10	9	8	7	6	5	4	3	2	1	0
즐거운 활동	월 일	10	9	8	7	6	5	4	3	2	1	0
기본 점수	요일 월 일	10	9	8	7	6	5	4	3	2	1	0
즐거운 활동	월 일	10	9	8	7	6	5	4	3	2	1	0
기본 점수	요일 월 일	10	9	8	7	6	5	4	3	2	1	0
즐거운 활동	월 일	10	9	8	7	6	5	4	3	2	1	0
기본 점수	요일 월 일	10	9	8	7	6	5	4	3	2	1	0
즐거운 활동	월 일	10	9	8	7	6	5	4	3	2	1	0
기본 점수	요일 월 일	10	9	8	7	6	5	4	3	2	1	0
즐거운 활동	월 일	10	9	8	7	6	5	4	3	2	1	0
기본 점수	요일 월 일	10	9	8	7	6	5	4	3	2	1	0
즐거운 활동	월 일	10	9	8	7	6	5	4	3	2	1	0
기본 점수	요일 월 일	10	9	8	7	6	5	4	3	2	1	0
즐거운 활동	월 일	10	9	8	7	6	5	4	3	2	1	0
기본 점수	요일 월 일	10	9	8	7	6	5	4	3	2	1	0
즐거운 활동	월 일	10	9	8	7	6	5	4	3	2	1	0
기본 점수	요일 월 일	10	9	8	7	6	5	4	3	2	1	0
즐거운 활동	월 일	10	9	8	7	6	5	4	3	2	1	0

부록 8 편안한 나

녹음파일을 들으면서 매일 이완연습을 합니다. 연습장소와 시간을 정하면 규칙적으로 연습하기 좋습니다. 스트레스 받은 일을 적고 이완연습을 하기 전과 후의 기분을 기록합니다.

월/일	스트레스: 무슨 일이 있었나요?	이완연습 전의 기분 (0-10)	이완연습 후의 기분(0-10)
/			
/			
/			
/			
/			
/			
/			

도전하는 나

여러분의 도전 사다리를 만들어 보세요. 여러분이 갖고 닦을 재능과 구체적인 목표를 적어주세요. 목표를 이루기 위한 작은 단계들도 만듭니다.

나의 도전 사다리

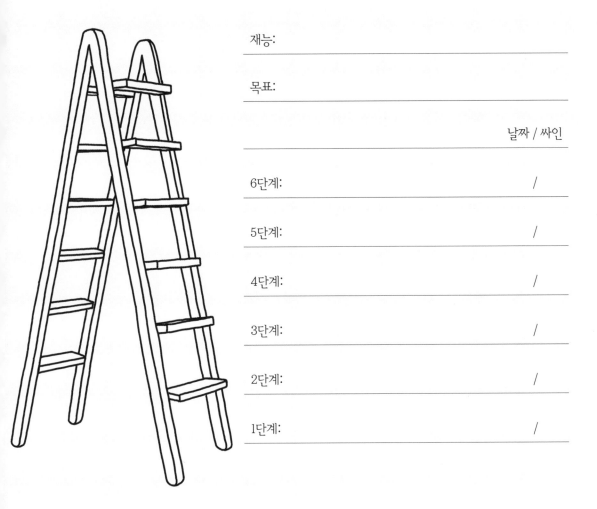

재능:

목표:

날짜 / 싸인

6단계:　　　　　　　　　　　/

5단계:　　　　　　　　　　　/

4단계:　　　　　　　　　　　/

3단계:　　　　　　　　　　　/

2단계:　　　　　　　　　　　/

1단계:　　　　　　　　　　　/

부록 10 　문제해결사

문: 문제가 뭐지?

_____

제: 제시해 보자! 해결방법을

1. _____

2. _____

3. _____

4. _____

5. _____

해: 해결 방법의 장단점을 생각해 보자!

장점	단점
1. _____	1. _____
2. _____	2. _____
3. _____	3. _____
4. _____	4. _____

결: 결정하자! 최선의 방법을

_____

사: 사용해 보자!

_____

새 친구 탐정

부정적인 생각과 기분이 들었던 상황을 생각해 보세요. 그 생각이 정말 현실적인 생각이었나요? '**더 안 좋다**'는 검은 선글라스를 벗고 '**새 친구 탐정**'의 안경을 끼고 현실적인 생각을 해봅시다. 기분이 어떻게 달라지는지도 살펴봅시다.

새: 새롭게 생각해 보자. 다르게 생각할 수 있을까?

친구: 친구가 이런 생각을 한다면, 뭐라고 말할까?

탐정: 탐정처럼 생각의 증거를 찾아보자.

　내 생각이 맞다는 증거는 뭘까? 내 생각이 틀리다는 증거는 뭘까?

나는 생각을 바꾸는 문제해결사

마음
행복
연습장
01

부모용
자료

양윤란·이경희·고혜정·이은식·강지현 지음

사회평론아카데미

차례

우울을 이해하기

할머니의 죽음이나 입시 실패와 같은 상실이나 좌절을 경험했을 때 슬픔을 느끼는 것은 자연스럽고 적응적입니다. 그러나 슬픔이 지나치고 너무 오래 지속되어 생활을 망칠 정도가 된다면 이때는 우울하다고 할 수 있습니다.

아이들은 다양한 이유로 우울해질 수 있습니다. 부모의 불화, 이사나 전학, 자신과 가족의 입원이나 질병 등 큰 사건이 영향을 주기도 합니다. 때로는 친구에게 생일 초대를 받지 못하는 것, 쪽지 시험을 잘 못 보는 것 등의 소소한 일이 쌓여 가랑비에 옷 젖듯 우울해질 수 있습니다. 크고 작은 실패로 안 될 것이라고 생각하고, 성취감을 경험하지 못해 우울해지기도 합니다. 또는 주변의 칭찬이나 인정, 관심이 부족하여 우울해지기도 합니다. 다른 사람으로부터 칭찬을 이끌어낼 만한 능력이 부족하다면 우울감은 더 지속됩니다. 그리고 자신이 겪은 일에 대해 실제보다 부정적으로 생각하는 것도 우울감을 가져옵니다.

우울은 자녀의 생활을 망쳐놓고, 미래의 꿈을 앗아가 버리며, 자신감을 잃게 하고, 사랑하는 사람과도 멀어진 듯한 느낌이 들게 하기 때문에 특별한 도움이 필요합니다. 『나는 생각을 바꾸는 문제해결사』는 자녀가 이 프로그램에서 배울 내용들의 약자를 따서 만든 것입니다. **나**는 행동을 변화시키는 방법을 배우는 상담시간의 제목인 **즐거운 나, 편안한 나, 자신감 있는 나, 도전하는 나, 함께하는 나**에서 따온 것입니다. **생각을 바꾸는**은 부정적인 생각을 현실적인 생각으로 바꾸는 방법인 **생각 바꾸기**를 의미합니다. **문제해결사**란 자녀를 우울하게 만들 수 있는 문제나 상황에 대처하는 방법을 말합니다. 자녀들은 이 프로그램을 통해 아동, 청소년의 우울증 또는 우울 증상을 개선하는 데 효과가 있다고 연구된 방법들, 즉 긍정적이고 적응적으로 행동하는 방법, 현실적으로 생각하는 방법 그리고 문제를 해결하는 방법을 배울 것입니다.

이번 시간에 배우는 내용은 다음과 같습니다.

- 슬픔과 우울의 차이, 우울 증상, 기분-행농-생각의 관계에 대해서 배웁니다.
- 우울한 기분을 조절하기 위해서 앞으로 무엇을 배우게 될지를 안내 받습니다.
- 프로그램 참가와 관련해 계약서를 작성하고 보상을 정합니다.

연습과제는 우울에 관한 ○, × 퀴즈를 푸는 것입니다. 다음 사항을 고려해주세요.

- 자녀가 연습과제를 잊지 않도록 상기시켜 주세요.
- 우울에 대해서 정확히 아는 것이 중요합니다. 인터넷 서점에서 우울을 검색어로 검색하시면 부모님에게 도움이 되는 책을 찾으실 수 있습니다. 청소년 자녀 또는 부모님께는 매튜 존스턴이 쓴 『굿바이 블랙독』을 추천 드립니다. 우울증의 증상과 이를 극복하기 위한 방법이 소개되어 있습니다. 본 프로그램에서 주로 사용하는 전략을 이해하는 데에도 도움이 됩니다. 자녀와 함께 읽고 이야기를 나누어보세요.
- 자녀의 우울에 대해서 궁금하신 것이 있으시다면 언제든 상담자와 상의하십시오.

기분을 이해하기

우울한 십대들은 자신의 기분을 잘 알아차리지 못합니다. 이 프로그램에서 배우는 우울조절기술을 잘 사용하기 위해서는 아이 자신이 우울한 때를 알 수 있어야 하고 우울한 기분을 말로 표현할 수 있어야 합니다. 행동이나 모습을 통해서도 우울한 감정이 드러납니다. 우울할 때 자신의 모습이 어떤지 아는 것 또한 중요합니다.

우울은 주관적인 감정이어서 당사자가 아닌 부모님은 자녀의 우울감을 알아차리기 어렵습니다. 아이들은 우울하다고 말로 표현하지 않더라도 행동이나 모습을 통해서 우울감이 드러납니다. 예를 들어, 어떤 아이는 학교나 밖에서 돌아왔을 때 축쳐져서 말없이 방으로 들어가 게임에만 몰두합니다. 또는 말이 많던 아이가 말이 적어지기도 하고, 외모를 잘 꾸미던 아이가 외모에 관심을 보이지 않을 수 있습니다. 특히 십대들은 부모님이나 어른에게 버릇없는 행동을 한다거나 문제 행동으로 우울감을 표현하기도 합니다. 아이 자신이 스스로의 기분을 인식하는 것도 중요하지만, 자녀를 이해하고 도와주려면 부모님 또한 자녀의 기분을 잘 알아야 합니다. 부모님이 자녀의 행동을 잘 관찰하고 자녀의 기분에 민감해질 필요가 있습니다.

이번 시간에 배우는 내용은 다음과 같습니다.

- 표정, 몸짓, 상황과 같은 단서를 이용하여 기분을 추론하는 것과 기분을 나타내는 단어를 배웁니다.
- 기분을 보다 정확히 인식하기 위해 기분온도계를 이용해서 기분의 강도를 평가하는 것을 배웁니다.
- 기분이 좋을 때와 나쁠 때 행동, 생각, 모습, 몸의 상태가 다르다는 것을 배움

니다. 특히 우울할 때 자신의 행동, 생각, 모습, 몸의 상태가 어떠한지를 배웁니다.

연습과제는 기분온도계를 매일 기록하는 것입니다. 다음 사항을 고려해주세요.

- 기분온도계를 이용하여 일주일 동안 기분 점수를 매일 기록하고, 기분에 영향을 준 사건도 기록합니다. 기분은 순간순간 바뀔 수 있지만 하루 동안의 평균적인 기분을 기록합니다. 기분 변동이 많은 날은, 평균 기분 점수 옆에 특정 사건에 영향을 받았던 그 순간의 기분을 추가적으로 기록합니다. 예를 들어 가장 기분 좋았을 때의 기분 점수나 가장 기분 나빴을 때의 기분 점수를 추가적으로 기록합니다. 다음 회기에 그때의 상황에 대해 상담자와 이야기를 나눌 수 있습니다.
- 매일 연습과제를 하게 도와주십시오. 기분을 매일 기록하는 이유는 기분을 관찰하고 인식하는 능력을 기르기 위해서입니다. 기분을 정확하게 인식하는 능력은 우울조절기술을 배우는 데 매우 중요합니다.
- 아이는 기분의 정도를 0~10점의 숫자로 표현하는 것을 배웁니다. 가정에서도 자녀와 기분에 대해 이야기할 때, 기분의 강도를 숫자로 표현해서 말씀하세요.
- 기분의 의미와 기능에 대해서 자녀와 좀 더 많은 이야기를 나누기 원하신다면 「인사이드 아웃」이라는 영화를 추천 드립니다. 초등학생 자녀가 쉽게 읽고 다양한 기분을 배울 수 있는 책으로는 임상심리학자 박현진이 쓴 『나 좀 내버려 둬!』를 추천합니다.

즐거운 나

사람들은 여행을 좋아합니다. 왜 그럴까요? 가족이나 친구와 함께 가는 여행을 떠올려 보세요. 차 안에서 좋아하는 사람과 이야기를 나누고, 신나는 음악을 듣고, 멋진 풍경을 감상하고, 맛있는 음식을 먹고, 새로운 경험을 하고, 평소보다 몸도 많이 움직입니다. 여행은 우리를 기분 좋게 해주는 많은 활동들이 담긴 종합선물세트입니다. 자녀가 매일 즐거운 활동을 하는 것은 우울한 기분에서 벗어나는 데 큰 도움이 됩니다. 이번 시간에는 손쉽게, 자주, 확실하게 기분을 좋게 해주는 즐거운 활동을 하는 방법을 배웁니다.

이번 시간에 배우는 내용은 다음과 같습니다.

- 일상생활에서 손쉽게 그리고 자주 할 수 있는 즐거운 활동의 목록을 만듭니다.
- 소소한 즐거운 활동도 기분에 긍정적 영향을 줄 수 있다는 것과 이를 통해 스스로 기분을 조절할 수 있다는 것을 배웁니다.

연습과제는 매일 즐거운 활동을 하는 것입니다. 즐거운 활동을 선택할 때, 다음 사항을 고려하세요.

- 현실적인 면을 고려하세요. 여행이나 놀이공원은 기분을 확실히 좋게 해주지만 언제든지 할 수 있는 것은 아닙니다. 일상생활에서 손쉽게 그리고 자주 할 수 있는 활동을 선택합니다.
- 부모님이 바라는 활동이 아니라 자녀의 기분이 좋아질 수 있는 활동을 선택합니다. 부모가 원하는 활동을 하라고 은근히 압력을 주신다면, 자녀는 얼마

지나지 않아 이 작업에 흥미를 보이지 않을 것입니다.

- 우울한 기분에 부정적인 영향을 줄 수 있는 활동은 안 됩니다. 실패나 갈등을 피하기 위한 수단으로 낮잠을 자거나 게임을 하고 있다면, 낮잠과 게임은 즐거운 활동 목록에 포함하지 않습니다. 십대들은 게임을 즐거운 활동 목록에 포함하고 싶어 합니다. 이 문제에 대해서 자녀와 갈등이 있거나 고민이 되신다면 상담자와 상의하세요.

- 친구 집에서 잠자기와 같이 부모님의 허락이 필요한 활동이라면 상담을 마친 후에도 계속 허락할 수 있을지 생각해보세요. 상담 기간에만 허락한다면, 상담이 끝나고 난 후에 자녀와 갈등이 생길 수 있습니다.

- 자녀와 즐거운 활동을 얼마나 자주 하는지, 최근에 했던 즐거운 활동이 무엇이었는지 생각해보세요. 자녀가 초등학생이라면 아이와 함께 즐길 수 있는 즐거운 활동의 목록을 부모님도 직접 만들어 보세요. 자녀에게 부모님이 만든 목록을 보여주고 의견을 들어보는 것도 좋습니다.

- 부모님 자신이 즐거운 활동을 즐기는 모델이 되어 주세요. 아이들은 웃는 엄마, 아빠의 모습을 좋아합니다. 자녀에 대한 고민과 걱정에서 잠시 벗어나 부모님 자신만을 위한 시간을 가져보세요. 부모님이 즐거운 활동의 가치와 의미를 느끼시는 만큼 자녀가 즐거운 활동을 하도록 도와줄 수 있습니다.

더 즐거운 나

지난 시간에 이어 이번 시간에도 즐거운 활동을 계획하고 실행합니다. 이번 주에는 지난 시간에 연습한 내용을 반복하지만 한 가지 다른 점이 있습니다. 이번 시간에 아이는 매일 즐거운 활동을 몇 개나 할지 현실적인 목표를 정하는 연습을 합니다. 하루에 즐거운 활동을 몇 개나 할지 목표를 정하는 것은 아이에게 동기 부여가 되며 성취감을 느낄 수 있고 스스로 우울한 기분을 조절할 수 있다는 자기 통제감을 발달시켜 줍니다. 스스로 감정, 행동, 생각을 조절할 수 있다는 자기 통제감은 자녀가 앞으로 살아가는 데 매우 중요한 심리적 자산입니다.

이번 시간에 배우는 내용은 다음과 같습니다.

- 지난주에 기록한 즐거운 나의 기록을 살펴보고 하루에 즐거운 활동을 몇 개 할지에 대한 목표를 정합니다. 목표를 정하는 과정에서 아이는 현실적으로 목표를 정하는 법을 배웁니다.
- 지난주에 했던 즐거운 활동들을 검토하면서 자신이 진짜 즐거워하는 활동이 무엇인지를 더 확실히 아는 시간을 가집니다.
- 즐거운 활동 목록을 확장하는 작업을 합니다. 이 과정에서 아이는 경험을 통해 생각을 넓힐 수 있다는 것과 다양한 생각이 문제해결에 도움이 된다는 것을 자연스럽게 배웁니다.
- 기분과 행동의 관계를 경험을 통해 재확인하며, 스스로 기분을 조절할 수 있다는 자기 통제감을 보다 확고히 합니다.

연습과제는 목표로 정한 즐거운 활동을 매일 하는 것입니다. 고려해야 할 사항은 다음과 같습니다.

- 자녀가 매일 즐거운 활동을 할 수 있도록 격려해 주십시오. 우울한 날일수록 즐거운 활동이 중요하지만, 너무 우울해서 에너지가 없으면 즐거운 활동을 하는 것도 귀찮을 수 있습니다. 귀찮아하는 자녀를 이해해주세요. 우울한 날일수록 즐거운 활동을 하라는 부모님의 격려가 중요합니다.

- 자녀가 여러 가지 일로 너무 쫓기는 것은 아닌지 점검하세요. 자녀가 즐거운 활동을 할 여가 시간이 필요합니다. 자녀가 우울한 기분에서 벗어날 때까지는 우울을 조절하는 방법을 배우는 것에 우선순위를 두십시오.

- "이제 좀 놀았으니 공부하는 것은 어떻겠니?"와 같이 아이가 즐거운 활동을 하고 난 뒤에 그 대가처럼 부모님이 원하는 일을 하라고 말씀하지 마세요. 아이는 부모님이 내 마음의 고통에는 관심이 없고 공부를 위해 상담을 받게 한다고 오해할 수 있습니다. 어느 정도 우울한 기분에서 벗어나고 자기 통제감을 획득하면 그 때 아이는 자신이 이루고 싶은 일에 도전하는 작업을 하게 됩니다.

- 부모님도 지난주보다 즐거운 일을 더 많이 해보세요. 우울한 자녀를 돕는 일은 많은 에너지를 필요로 합니다. 자녀를 돕기 위해 그리고 무엇보다 부모님 자신을 위해 에너지를 충전할 수 있는 즐거운 일을 하세요.

편안한 나

Reynolds와 Coats(1986)의 연구에 의하면, 이완은 직접적으로 뇌의 카테콜라민과 아민의 활동에 영향을 주어 우울증 개선에 도움을 준다고 합니다. 이완연습은 우울한 십대들이 느끼는 긴장감을 줄여주어 차분함을 유지하는 데도 큰 도움이 됩니다. 그 외에도 화, 과민성, 스트레스를 전반적으로 감소시킬 뿐 아니라 기분과 스트레스를 조절할 수 있다는 자기 통제감의 발달에도 큰 도움이 됩니다.

이번 시간에 배우는 내용은 다음과 같습니다.

- 천천히 숨을 쉬는 호흡을 배웁니다. 사람들은 스트레스 받을 때 숨이 짧아지고 얕아지는데 배 속에서부터 천천히 숨을 들이쉬고 내쉬면 몸이 진정되고 기분도 나아집니다.
- 몸의 근육을 하나씩 차례대로 힘을 주어 긴장시켰다가 힘을 빼서 이완합니다. 이를 긴장이완이라고 합니다.
- 평화로운 장소의 이미지를 떠올리고 그 곳에서 이완되는 상상을 합니다. 이를 상상이완이라고 합니다.
- **천천히 숨쉬기, 긴장이완, 상상이완** 등 세 가지 이완연습을 통해 기분이 변하는 것을 경험합니다.

연습과제는 녹음파일을 들으면서 매일 이완을 연습하는 것입니다. 다음 사항을 고려해 주세요.

- 조용하고 편안한 곳에서 연습할 수 있게 도와주세요.
- 몇 번의 연습만으로는 충분한 이완감을 경험하지 못할 수 있습니다. 매일 꾸

준히 연습해야 합니다. 이완을 연습하는 첫 일주일 간은 매일 세 가지 이완을 연습하는 것이 이완감을 경험하는 데 도움이 됩니다.

- 이완연습을 하다가 잠을 자지 않도록 합니다. 잠들기 전 시간에 이완연습을 하다 보면 연습 도중 잠에 빠지기도 합니다. 이번 연습에서 중요한 것은 이완연습을 끝낸 뒤 충분한 이완감을 경험하고 기분 변화를 느끼는 것입니다. 연습 도중 잠이 들지 않도록 졸린 시간은 피하는 것이 좋습니다.
- 자녀가 원한다면 부모님과 함께 이완연습을 할 수 있습니다. 이완연습은 부모님의 스트레스와 감정 조절에도 큰 도움이 됩니다.

자신감 있는 나

화가 나서 소리를 지르고, 창피해서 얼굴을 감추고, 무서워서 도망치는 것은 감정에 뒤따르는 자연스러운 행동입니다. 이렇게 기분에 영향을 받거나 기분과 일치하는 행동을 기분 의존 행동이라고 합니다. 기분 의존 행동은 적응적인 측면이 있지만 부정적 결과를 낳기도 합니다.

아이들이 보이는 흔한 우울 의존 행동은 학교에서 친구에게 먼저 말을 걸지 않는 위축된 행동, 누워서 스마트폰을 보거나 책상에 엎드려 있는 에너지가 적은 행동, 불평하기입니다. 우울 의존 행동은 장기적으로는 자녀를 더 우울하게 하지만 단기적으로는 이득이 있기 때문에 지속됩니다. 숙제가 많다고 불평을 하는 우울한 아이를 생각해보세요. 부모님이 아이의 불평을 받아들여 숙제를 하지 않아도 된다고 허락하면, 아이는 당장 귀찮은 숙제를 하지 않아도 돼서 편합니다. 그러나 숙제를 하지 않은 결과로 다음날 수업을 따라가지 못할 수 있습니다. 아이들은 단기적으로는 이득이 되지만 장기적으로는 자신에게 손해를 가져오는 우울 의존 행동 대신 적응적이고 긍정적으로 행동하는 연습을 해야 합니다.

이번 시간에 배우는 내용은 다음과 같습니다.

- 우울한 기분이 행동에 미치는 영향과 우울한 기분과 일치하는 우울 의존 행동이 무엇인지 배웁니다.
- 우울 의존 행동 대신 적응적이고 긍정적으로 행동하는 방법을 배우고 연습합니다.
- 행동을 바꾸는 것으로도 우울한 기분을 조절할 수 있다는 자기 통제감을 획득합니다.

연습과제는 밝고 자신감 있게 행동하는 연습을 하는 것입니다. 다음 사항을 고려하세요.

- 밝고 자신감 있는 모습을 보여주는 것은 다른 사람에게 잘 보이기 위해서가 아니라 우울한 기분에도 불구하고 어떻게 행동할지를 내가 선택할 수 있고 내 행동을 스스로 조절할 수 있다는 것을 의미합니다. 예를 들면, 시험을 망쳐 우울하고 짜증나지만 성적을 묻는 친구에게 굳은 얼굴로 아무 말도 하지 않는 것이 아니라 시험을 못 봐서 속상하다고 솔직하게 말하는 것입니다.

- 자녀의 우울하고 자신감 없어 보이는 모습에 대해서 지적을 하거나 잔소리를 하지 마세요. 자녀는 우울과 싸워야 하는 힘든 과정에 있습니다. 자녀가 자신감 있게 행동하려고 노력할 때, 밝은 모습을 보이려고 애를 쓸 때, 에너지를 내서 뭔가 하려고 할 때, 불평을 하지 않을 때를 놓치지 말고 칭찬을 해주세요. 자녀의 적응적인 행동에 부모님의 칭찬이 뒤따르면, 긍정적인 행동을 더 자주 하게 될 것입니다.

- 밝고 자신감 있게 행동하는 것을 배운 이 시간 이후로는 자녀가 보이는 우울 의존 행동에 대한 관심을 서서히 줄이세요. 자녀가 우울 의존 행동을 보일 때마다 부모님이 관심을 보이면 우울 의존 행동이 계속될 수 있습니다. 우울 의존 행동에는 무관심, 적응 행동에는 관심! 어떤 행동에 관심을 줄여야 할지 어려울 수 있습니다. 부모님이 관심을 줄여야 할 행동에 대해서 상담자와 상의하세요.

도전하는 나

우울한 아이들은 자신이 아무것도 제대로 하는 것이 없다고 생각합니다. 잘 하는 것도 없고 잘 할 수 있는 것도 없다고 생각해서 해보기도 전에 미리 포기하기도 합니다. 그래서 자신의 재능을 좀 더 발전시키지 못하거나 새롭고 힘든 일에 도전하지 못합니다. 이러한 과정이 계속되면 실력이 줄어들고 칭찬이나 인정을 받는 일도 적어집니다.

우리는 도전하고 성취하는 활동을 통해 기쁨을 느낄 뿐만 아니라 할 수 있다는 유능감과 자신에 대한 긍정적인 태도를 발달시킵니다. 재능을 갈고 닦을 수 있는 활동을 찾고, 성취할 수 있는 구체적인 목표를 정하고, 한 단계씩 연습하는 것은 우울을 조절하는 데 도움이 됩니다. 여기에서의 재능은 특별한 사람만이 갖는, 특별한 능력을 의미하지 않습니다. 머리를 예쁘게 묶는 것, 자신만의 글씨체를 갖는 것, 야구선수에 대해 꿰고 있는 것, 노래를 잘 하는 것, 남을 잘 웃기는 것도 모두 재능입니다.

이번 시간에 배우는 내용은 다음과 같습니다.

- 가치 있다고 생각하거나 스스로 발전시키고 싶은 재능을 찾습니다.
- 재능을 발전시키기 위해 성취 가능한 현실적이고 구체적인 목표를 정하는 법과 목표를 이루기 위한 단계별 계획을 세우는 법을 배웁니다.
- 목표를 이루기 위한 연습 과정과 성취 경험이 기분을 좋게 한다는 것을 배웁니다.

연습과제는 도전 사다리의 단계를 연습하는 것입니다. 다음 사항을 고려해주세요.

- 연습을 통한 성취 경험을 통해 자신에 대한 긍정적인 태도를 발달시킵니다. 성취감을 경험하는 것이 중요하므로 목표가 실현 가능한지 관심을 가져주세요.

- 목표를 이루는 과정에는 많은 시행착오가 있습니다. 성공과 실패보다는 과정에 관심을 가져주세요. 과정을 살필 때, 부모님 스스로가 너무 엄격하지 않은지를 점검해주세요. 연습하는 과정에서 부모님의 기준에 맞추어 "최선을 다해, 열심히, 잘 해야 한다"고 강요하지 말아야 합니다.

- 자녀가 성공과 실패라는 이분법적인 생각을 하지 않도록 도와주세요. 실패처럼 보이더라도 많은 실패가 모여 성공의 밑거름이 됩니다.

- 부모가 원하는 일을 시키기 위해서 이 활동을 이용하지 말아주세요. 자녀가 흥미를 잃을 수 있습니다. 평소에 자녀가 도전하는 일은 어떤 것들이 있고, 부모님은 어떤 관심을 기울이고 있었는지 살펴보세요. 부모님이 본인의 기대에 부응하는 도전은 격려하고 지지해주지만, 부모님의 기준에 맞지 않는 것에 도전하면 은연중 무시하거나 폄하할 수 있습니다. 부모님이 원치 않는 도전이라 할지라도 자녀에게는 중요할 수 있습니다. 자녀가 중요하게 생각하는 도전 영역에서 성취감을 경험하면, 긍정적인 자신감은 더욱 커질 것입니다. 지금 자녀가 도전하는 어떤 일이든 지지를 보내주세요.

- 한국의 십대들은 이른 시기의 경쟁, 성취에서의 좌절로 인해 소진되어 우울하고 무기력한 경우가 많습니다. 자녀의 성취에 대해서 부모님이 어떤 기대를 갖고 계신지 생각해보세요. 부모님의 기대가 자녀에게 미치는 영향, 자녀의 성공과 실패에 내가 보여 왔던 반응들에 대해서도 생각해보세요. 자녀가 성공하면 내가 성공한 것처럼, 자녀가 실패하면 내가 실패한 것처럼 느껴지지는 않는지, 그래서 자녀의 성공과 실패에 민감하게 반응하지는 않는지 살펴보세요.

함께하는 나

우울은 대인관계에 영향을 받기도 하고 대인관계에 영향을 주기도 합니다. 부모님과의 관계가 소원해지거나, 학교에서 어울리는 친구가 없다면, 대인관계에서의 만족감이나 즐거움이 적어지면서 우울해질 수 있습니다. 반대로, 우울하게 되면 주변에 대한 흥미가 감소하면서 다른 사람과 함께 하는 사회적인 활동 또한 줄어듭니다. 이는 우울감이 지속되거나 점점 증가하는 악순환을 가져옵니다.

"기쁨은 나누면 두 배가 되고, 슬픔은 나누면 반이 된다"라는 말이 있습니다. 힘든 일이 있을 때, 누군가 나를 격려해 주고 위로해 준다면, 힘든 마음이 줄어듭니다. 다른 사람과 함께 이야기 나누면, 일어났던 일에 대해 좀 더 객관적으로 볼 수 있고 문제 해결에 도움이 되는 정보를 얻을 수 있습니다. 꼭 힘든 일이 아니더라도 일상생활에서 생기는 작은 일이나 기쁜 일을 함께 하는 것은 기분을 좋게 해줍니다.

이번 시간에 배우는 내용은 다음과 같습니다.

- 지금 관계를 맺고 있는 사람은 누구인지, 무엇을 함께 나누고 있는지 살펴봅니다. 사회적 관계가 빈약하지는 않은지, 고민을 나눌 수 있는 대상이 있는지를 알아봅니다.
- 대인관계를 좀 더 강화하거나 확장시킬 수 있는 방법과 대상을 찾아봅니다. 특히 고민에 대해 다른 사람과 이야기하면, 기분이 나아질 수 있다는 것을 배웁니다.

연습과제는 다른 사람과 마음을 나누어보는 시간을 갖는 것입니다. 다음 사항을 고려해주세요.

- 연습과제는 좀 더 친해지고 싶은 대상이나 얘기할 수 있는 새로운 주제, 고민을 찾아 이야기를 나누는 것입니다. 상담시간에 연습과제를 하기 위해 계획을 세웠습니다. 계획을 실행할 수 있도록 도와주세요.
- 연습과제에서 중요한 것은 고민의 내용이 아니라 고민을 털어놓는 연습을 하는 것입니다. 자녀가 고민이 없다고 한다면 고민을 너무 거창하게 생각하지는 않는지 살펴봐 주세요. '방학 때 무엇을 할지', '왜 수학 성적이 오르지 않는지', '용돈을 더 받을 수 있는 방법이 무엇인지' 등도 다른 사람과 함께 나눌 수 있는 고민이 됩니다.
- 자녀가 초등학생이라면 워크북 부록 4에 있는 대화카드를 이용해 이야기를 나누어 보세요. 부모님께서 몰랐던 자녀의 감정이나 마음을 알 수 있습니다.
- 자녀가 중학생이라면 자녀와 대화하는 것이 어렵게 느껴질 수 있습니다. 자칫 감정이나 마음을 전달하기보다는 지시나 명령, 비난이 되기 쉽습니다. 자녀의 마음을 들여다보고 내 마음도 잘 전달할 수 있는 대화를 나누는 것이 중요합니다. 마셜 로젠버그 박사가 고안한 '비폭력대화' 또는 존 가트맨이 쓰고 남은영 박사가 감수한 책 『내 아이를 위한 사랑의 기술』을 추천합니다.

문제해결사란?

우울해지면 일상생활에서 부딪히는 문제들을 스스로 해결할 수 없다고 느낍니다. 또는 해결 방법 자체가 아예 없다고 생각하거나, 어떻게 해야 할지 결정을 못하곤 합니다. 시도한 방법이 문제를 해결하지 못하면 다른 대안을 생각해보지 않고 "역시 난 안 돼"라고 포기합니다. 일상생활에서 겪는 문제를 스스로 해결하지 못하면 기분은 더욱 우울해집니다. 삶은 끊임없이 문제를 해결하는 과정의 연속이므로, 효과적인 문제해결방법을 찾아 스스로 상황을 변화시킬 수 있다면 우울에서 벗어날 수 있을 뿐 아니라 자신에 대한 효능감을 발달시킬 수 있습니다.

이번 시간에 배우는 내용은 다음과 같습니다.

• 문제해결이 필요한 상황을 찾아보고 문제해결이 기분에 미치는 영향을 배웁니다.

• 문제해결의 단계를 기억하기 쉽게 각 단계의 첫 글자로 만든 **문제해결사**를 배웁니다.

문 : 문제가 뭐지? 문제해결의 첫 단계는 문제가 무엇인지 아는 것입니다. 기분이 우울하다면 해결해야 할 문제가 있다는 신호로 생각합니다.

제 : 제시해보자! 해결방법을! 해결방법을 가능한 한 많이 찾아내는 것이 중요합니다.

해 : 해결방법의 장단점을 생각해보자! 해결방법의 장단점을 찾아봅니다.

장단점을 생각할 때 도움이 되는 질문들입니다.

- 이 방법이 정말 문제를 해결해줄까?

- 이 방법을 사용하면 어떤 결과가 생길까?

       – 실제로 사용할 수 있는 방법일까?

       – 이 방법을 사용하면 다른 문제가 생기지는 않을까?

결 : 결정하자! 최선의 방법을! 장단점을 고려해서 최선의 방법을 선택합니다. 여러 가지 해결방법의 장점만을 취한 새로운 해결방법을 생각할 수도 있습니다.

사 : 사용해보자! 결정한 해결방법을 시도해보고 효과적인지 살펴봅니다.

• 흥미로운 활동이나 놀이를 통해 우리가 의식하지는 않으나 일상생활에서 항상 **문제해결사**를 사용한다는 것을 배웁니다.

연습과제는 **문제해결사**를 적용할 수 있는 문제 상황들을 찾아보는 것입니다. 다음 사항을 고려하세요.

• 자녀가 어떤 문제를 고를지 어려워한다면, 우울하거나 속상하거나 짜증이 나는 등 부정적인 기분을 느꼈던 상황을 떠올리도록 해주세요.

• 자녀가 적은 문제 상황은 다음 회기에 문제해결사를 적용할 예들이므로 다양한 문제들을 찾아보는 것이 좋습니다.

• 부모님이 평소 부딪히는 일상생활의 문제에도 **문제해결사**를 적용해보세요. 부모님이 먼저 익숙하게 사용하시면, 자녀가 **문제해결사**를 배우고 익힐 때 구체적인 도움을 주실 수 있습니다.

문제해결사를 연습하기

문제해결 방법의 단계를 배운다고 해서 실제 생활에 바로 응용해 사용하는 것은 쉽지 않습니다. 반복 연습하여 익숙하게 사용하는 것이 **문제해결사**의 궁극적 목적입니다. 이번 시간은 **문제해결사**를 실제 생활에 적용하기 전에 상담자와 자녀 모두에게 익숙한 주제인 상담 상황으로 **문제해결사**를 연습합니다. 그동안 상담과정에서 있었던 여러 상황을 점검해보고 상담에 방해가 되었던 부분을 **문제해결사**를 이용해 해결합니다. 집에 워크북을 놓고 오는 것, 연습과제를 해오지 않는 것, 워크북 기록을 힘들어하는 것 등 다양한 상황이 해결할 문제가 될 수 있습니다.

이번 시간에 배우는 내용은 다음과 같습니다.

- 문제해결기술을 상담에 적용하여 연습합니다. **문제해결사**를 떠올리면서 문제를 해결합니다.

문 : 문제가 뭐지?

제 : 제시해보자! 해결방법을!

해 : 해결방법의 장단점을 생각해보자!

결 : 결정하자! 최선의 방법을!

사 : 사용해보자!

- 문제해결기술을 상담에 적용하는 연습을 통해, 문제를 해결하는 성공 경험을 늘립니다.

- 재미있는 활동을 하면서 문제해결 과정을 이야기하는 연습을 합니다. 이러한 연습은 실생활에 문제해결기술을 적용하는 것을 도와줍니다.

연습과제는 지난 회기처럼 **문제해결사**를 적용할 수 있는 문제 상황을 찾아보는 것입니다. 다음 사항을 고려하세요.

- 어떤 문제를 고를지 어려워한다면, 부정적인 기분을 느꼈던 상황을 떠올리도록 합니다.
- 지난 회기처럼 가능한 다양한 문제들을 찾아보도록 해주세요.
- 자녀가 적은 문제가 모호하다면 좀 더 구체적으로 쓸 수 있도록 도와주세요. "동생과 자꾸 싸우게 돼요"보다는 "동생이 내 물건을 허락 없이 가져가서 자꾸 싸우게 돼요", "동생이 놀아달라고 숙제를 방해해서 싸우게 돼요"가 더 구체적입니다. 구체적으로 상황을 기술하면 다음 단계인 문제해결 방법을 찾기가 수월해집니다.
- 초등학생 자녀라면 문제 상황인지를 정확히 알지 못하거나 알았더라도 연습과제를 할 시점에 기억해내지 못하기도 합니다. 자녀가 연습과제를 할 때 부모님이 제안을 해주셔도 좋습니다.

문제해결사가 되기

이 번 시간에는 **문제해결사**를 일상생활에서 부딪히는 문제들에 적용합니다. 다양한 일상생활의 문제에 **문제해결사**를 적용하는 연습을 통해 문제해결에 대한 숙달감을 경험합니다.

이번 시간에 배우는 내용은 다음과 같습니다.

- 일상생활 속에서 기분에 영향을 미쳤던 문제해결이 필요한 상황을 찾아봅니다.
- 다양한 상황에서 **문제해결사**를 떠올려 자신의 문제를 해결하는 연습을 합니다.

  문 : 문제가 뭐지?

  제 : 제시해보자! 해결방법을!

  해 : 해결방법의 장단점을 생각해보자!

  결 : 결정하자! 최선의 방법을!

  사 : 사용해보자!

- **문제해결사**가 기분을 나아지게 한다는 것을 경험을 통해 배웁니다.

연습과제는 자신의 문제에 **문제해결사**를 적용하는 것입니다. 다음 사항을 고려하세요.

- 어떤 문제를 고를지 어려워한다면 우울하거나 속상하거나 짜증이 나는 등의 부정적인 기분을 느꼈던 상황을 떠올립니다.
- 자녀가 **문제해결사**를 사용할 때 브레인스토밍 과정을 격려해주세요. 다양한 방법을 생각하는 것이 무엇보다 중요합니다. 다양한 방법을 생각해내기 위해서는 부모님이 자녀가 생각해내는 모든 아이디어에 대해 개방적이고 평가

하지 않는 태도를 갖는 것이 필요합니다. 자녀가 생각해낸 해결방법에 대해 좋고 나쁨을 평가하지 않습니다. 정답을 찾기 위해 너무 고심하지 마십시오. 자녀가 내놓은 해결책이 엉뚱해 보이거나 황당하더라도 수용해 주세요. 정답보다는 융통성을 갖고 많은 해결책을 찾는 연습이 중요합니다.

- 부모님이 창의적인 해결 방법을 예로 들어주는 것도 도움이 됩니다. 부모님은 올바른 답만을 예시로 들어주기보다는 단점이 있더라도 다양한 해결책을 낼 수 있다는 것을 본보기로 보여주세요.

- 부모님이 **문제해결사**를 사용하는 모델이 되어 주세요. 부모님의 기분이 나아질 뿐 아니라 자녀가 융통성 있게 문제를 해결할 수 있도록 본보기가 되어 줄 수 있습니다.

- 여러 차례 연습을 해도 문제해결을 위한 아이디어를 찾아내기 어려워한다면, 상담자와 이 문제를 상의하거나 부모님과 자녀의 대화 방식을 살펴보세요. 간혹 부모님과 자녀의 대화 방식이 자녀의 생각을 제한시키기도 합니다. 예를 들어, 부모님과 자녀의 대화가 일방적이어서 아이 생각을 존중해 주지 않고 묵살해 왔을 수 있습니다. 또는 부모님이 다양한 생각보다는 정해진 답만을 격려해 왔을 수 있습니다.

생각 바꾸기: 더 안 좋다

어떤 사건을 경험했을 때 우리는 그 경험이 갖는 의미에 대해 해석을 합니다. 우울한 사람들은 자기 자신, 자신의 경험, 타인이나 미래에 대해 부정적이고 비관적으로 해석하는 경향이 있습니다. 우울한 아이들도 마찬가지입니다. 예를 들어 축구 시합에서 자신의 팀이 졌다면 '나 때문에 졌어. 난 운동을 너무 못해'라고 생각합니다. 친구의 생일파티에 초대받지 못하면 '난 인기가 없어. 애들은 나를 싫어해'라고 생각합니다. 해보기도 전에 '안 될 거야'라고 생각하고 좋았던 일은 금방 잊어버리고, 실패했거나 기분이 나빴던 경험을 더 잘 떠올립니다.

부정적인 생각은 나와 다른 사람과 세상에 대해서 실제보다 **더 안 좋다**고 생각하는 것입니다. 부정적인 생각은 자녀의 기분을 우울하게 합니다. 자녀의 우울한 기분을 변화시키기 위해서는 부정적인 생각을 바꾸는 것이 필요합니다. 하지만 우리의 생각은 빠르게 스쳐지나가서 그 생각을 알아차리지 못하는 경우가 많습니다. 따라서 자신의 생각을 찾아낼 수 있도록 관찰하는 연습을 반복적으로 해야 합니다. 이번 시간을 포함한 세 번의 시간 동안 단계적으로 부정적인 생각을 찾아내고 생각을 바꾸는 연습을 합니다.

이번 시간에 배우는 내용은 다음과 같습니다.

• 생각에 따라 기분과 행동이 달라지며 기분과 행동을 바꾸려면 생각을 바꿔야 한다는 것을 배웁니다.

• 부정적인 생각이란 나와 다른 사람과 세상에 대해 실제보다 **더 안 좋다**고 생각하는 것임을 배웁니다. **더 안 좋다**는 부정적인 생각의 대표적인 예로, 다음과 같은 약자로 이루어져 있습니다.

더 : **더 나쁘게 생각하기.** 실제보다 더 나쁘게 과장해서 생각하기 – 한두 번의 사건에 근거해서 결론을 내리거나 극단적으로 생각하는 것입니다.

안 : **"안 될 거야"라고 생각하기.** 결과가 나쁠 거라고 예상하기 – 미래에 일어날 수 있는 여러 가능성을 무시하고 부정적인 결과가 있을 것이라고 단정 짓는 것입니다.

좋 : **좋은 면을 무시하기.** 좋은 면은 무시하고, 나쁜 면에만 주의를 기울이기 – 부정적인 면은 과장하고 긍정적인 면은 축소하여 생각하는 것입니다.

다 : **"다 내 탓이야"라고 생각하기.** 나쁜 일이 생기면 "내 탓이야"라고 자기를 비난하기 – 나쁜 결과나 실패에 대해 다른 원인들은 생각하지 않고 지나치게 자신을 탓하는 것입니다.

연습과제는 부정적인 기분을 느꼈던 상황을 떠올리고 그 상황에서 무슨 생각을 했는지 기록하고 당시의 기분을 기분온도계에 표시하는 것입니다. 다음 사항을 고려하세요.

• 아직은 생각을 더, 안, 좋, 다로 분류하는 것이 어려울 수 있습니다. 이 시간의 연습과제는 부정적인 기분을 느꼈던 상황에서 무슨 생각을 했는지를 찾는 것에 초점을 맞춥니다.

• 자녀가 자신의 생각을 찾는 것을 어려워하더라도 걱정하지 마세요. 생각을 찾는 것은 어려운 과정이기 때문에 반복 연습이 필요합니다. 자녀에게는 어려운 과정이기 때문에 다음 시간에도 배울 것이라고 설명해 주십시오. 대신에, 떠오른 생각은 어떤 생각이든지 기록하도록 해주세요. 떠오른 생각을 자세히 기록하면 상담자는 연습과제를 통해 자녀가 어떤 어려움을 보이는지 알 수 있습니다. 그러면 다음 시간에 자녀가 부정적 생각을 찾도록 잘 도와줄 수 있습니다.

• 부정적인 기분을 느꼈던 상황과 부정적인 생각에 주의를 기울이다보면 자녀의 기분이 약간 우울해질 수 있습니다. 자녀의 기분이 약간 우울해졌다면, 문제해결사를 사용하거나 즐거운 활동을 하도록 격려해 주십시오.

생각 바꾸기: 더 안 좋다는 생각 찾기

이번 시간은 부정적인 생각을 다루는 두 번째 시간입니다. 지난 시간에는 부정적인 생각의 종류, 더, 안, 좋, 다에 대해서 배웠습니다. 이번 시간에는 지난 시간에 배운 것을 바탕으로 자녀가 갖고 있는 **더 안 좋**다는 생각을 찾는 연습을 합니다.

자녀가 평소 하는 혼잣말이나 자주 하는 말을 떠올려 보세요. 과제나 시험공부를 하다가 "아, 망했다", "완전 망쳤어"라고 얘기하기도 하고, 옷을 입다가 "어울리는 옷이 하나도 없어"라고 말하기도 합니다. 이런 말들을 통해 자녀의 생각을 찾을 수 있습니다. 특히 "절대", "아무것도", "단 하나도", "다", "모든", "전부", "완전히"와 같은 단어가 들어가는 말들, "형편없다", "바보 같다", "실패" 등과 같은 표현들은 자녀의 부정적 생각을 반영하는 것일 수 있습니다.

이번 시간에 배우는 내용은 다음과 같습니다.
- 다양한 활동을 통해 자신의 부정적인 생각을 찾는 연습을 합니다.
- 자신의 부정적인 생각이 어떤 종류의 부정적인 생각에 속하는지, 더, 안, 좋, 다로 분류하는 연습을 합니다.

연습과제는 부정적인 기분을 느꼈던 상황을 떠올리고 그 상황에서 무슨 생각을 했는지 기록하고 당시의 기분을 기분온도계에 표시하는 것입니다. 이번 주에는 자신의 생각이 더, 안, 좋, 다 중 무엇에 해당하는지도 생각해 봅니다. 다음 사항을 고려하세요.
- 자녀가 더, 안, 좋, 다의 분류를 어려워한다면 분류보다는 부정적인 생각을 찾는 것이 중요하다고 얘기해 주세요. 자녀가 생각하기에 가장 가까운 분류를

선택하면 됩니다.

- 부정적인 생각을 찾아내면서 기분이 약간 우울해진다면 **문제해결사**를 사용하거나 즐거운 활동을 하도록 격려해 주십시오.
- **더 안 좋다**는 생각은 부모님을 비롯한 대부분의 사람들이 종종 하는 생각이기도 합니다. 부모가 자녀에게 하는 부정적인 말은 부모 자신의 부정적인 생각을 반영하기도 합니다. 부모님의 기분이 우울할 때, 자녀에게 부정적인 말을 자주 하게 될 때, 실제보다 **더 안 좋다**고 생각하는 것은 아닌지 점검해보세요. 부모의 부정적인 생각은 자녀의 부정적인 생각에 영향을 미칩니다. 필요하다면 부모님도 워크북의 **더 안 좋다**는 생각을 구별하기 활동지를 작성해보세요.

생각 바꾸기: 새 친구 탐정

이번 시간은 부정적인 생각을 다루는 세 번째 시간입니다. 지난 시간에 찾아 낸 부정적인 생각에 계속 머물러 있다면 우울한 기분은 계속됩니다. 부정 적인 생각은 나와 다른 사람과 세상에 대해서 실제보다 더 **안 좋다**고 생각하는 것 으로 사실과 조금 다르거나 때로는 크게 다른 생각입니다. 부정적인 생각이 객관 적인 사실에 근거한 현실적인 생각인지를 평가하고 보다 현실적인 생각으로 바꾸 면 우울한 기분도 달라집니다. 이 과정은 마치 탐정이 증거를 찾아서 사건을 해결 해 가는 과정과 유사합니다. 내 생각이 맞다는 증거는 무엇이고 틀리다는 증거는 무엇인지 구체적인 사실들을 발견해내고 새로운 관점에서 대안적인 생각을 하는 과정입니다.

상담의 후반부에는 상담이 끝나는 것을 준비하기 위해 자녀가 상담자의 도 움 없이 우울조절기술을 연습할 시간을 갖는 것이 좋습니다. 가능하다면 다음 상 담은 2주 뒤에 하는 것이 좋습니다. 잊지 마세요. 자녀의 다음 상담은 _____월 _____일 _____시입니다.

이번 시간에 배우는 내용은 다음과 같습니다.

• 부정적인 결과를 예상했는데 실제로 일어난 일이 달랐던 경우를 생각해봅니 다. 어떤 생각이 든다고 해서 그 생각이 사실을 뜻하는 것은 아니라는 것을 배웁니다.

• 부정적인 생각을 보다 현실적인 생각으로 바꾸는 방법인, 새 **친구 탐정**을 배 웁니다.

새 : 새롭게 생각해보자. 다르게 생각할 수 있을까?

친구 : 친구가 이런 생각을 한다면, 친구에게 뭐라고 말할까?

탐정 : 탐정처럼 생각의 증거를 찾아보자.

　　　내 생각이 맞다는 증거는 뭘까? 내 생각이 틀리다는 증거는 뭘까?

• 새 친구 탐정을 부정적인 생각에 적용해서 현실적인 생각으로 바꾸고 생각의 변화가 기분의 변화를 낳는지 관찰합니다.

연습과제는 부정적인 생각을 현실적인 생각으로 바꿔보고 기분의 변화를 관찰하는 것입니다. 다음 사항을 고려하세요.

• 생각이 바뀌면 기분 점수가 달라지지만 그렇지 않은 경우도 있습니다. 특히 마음속에 강하게 자리 잡은 생각인 경우, 자녀의 나이가 많은 경우 기분 변화가 바로 나타나지 않을 수 있습니다. 바로 기분이 나아지지 않는다고 해서 새 친구 탐정이 도움이 안 되는 것은 아닙니다. 새 친구 탐정처럼 생각하는 것은 반복적인 연습이 필요합니다. 두 가지 이상의 상황에 대해 새 친구 탐정을 연습해보도록 격려해 주세요.

• 부정적인 생각은 우울한 감정의 재발에 중요한 영향을 미칩니다. 더 안 좋다는 생각에 대해 새 친구 탐정처럼 생각하는 것을 충분히 연습하면, 다시 우울해지는 것을 예방하고, 우울해졌을 경우 극복해나갈 수 있습니다. 상담이 끝난 후에도 새 친구 탐정을 계속 연습하는 것이 필요합니다.

나는 생각을 바꾸는 문제해결사: 현재편

따뜻한 봄이 지나면 더운 여름이 찾아오고 시원한 가을이 지나면 추운 겨울이 찾아오듯이 우울도 다시 찾아올 수 있습니다. 그러나 너무 걱정하지 마십시오. 날이 추워지면 두꺼운 옷을 꺼내 입고 장갑도 껴서 몸을 따뜻하게 하듯이 우울이 다시 찾아오면 그 동안 배운 우울조절기술을 사용해서 기분 온도를 조절할 수 있습니다. 여러분의 자녀는 그 동안 우울을 조절하는 다양한 기술들을 배웠습니다. 이번 시간에는 그동안 배운 우울조절기술을 정리하고 우울이 재발하는 것을 막기 위한 구체적인 계획을 세우고 실행하는 연습을 합니다.

자녀가 우울조절기술을 충분히 연습할 수 있도록 다음 상담은 _____월 _____일 _____시입니다. 다음 상담 약속을 잊지 마세요.

이번 시간에 다루는 내용은 다음과 같습니다.
- 현재의 우울 증상을 점검합니다. 상담을 시작할 때와 비교해보고 자녀 스스로 얼마나 달라졌는지 확인합니다.
- 그 동안 배운 우울조절기술들을 정리해보고 앞으로 계속 사용할 우울조절기술을 선택해 남아있는 우울 증상이나 우울한 기분을 개선하는 연습을 합니다.

연습과제는 상담 시간에 세운 계획을 가정과 학교에서 실행하는 것입니다. 다음 사항을 고려하세요.
- 자녀가 연습과제를 실행할 수 있도록 격려해주세요. 자녀가 우울에서 벗어났더라도 이 프로그램에서 배운 우울조절기술들은 일상의 스트레스를 조절

해 좀 더 나은 기분을 느끼게 도와줍니다.

- 심리상담에 참여한 많은 아이들은 상담의 과정을 마칠 때, 약간 슬픈 감정을 느낄 수 있습니다. 시간이 지나면 자연스럽게 나아지는 감정이므로 부모님 께서 걱정하지 않으셔도 됩니다.
- 프로그램을 마치는 것이 기쁘기도 하지만 걱정되실 수도 있습니다. 프로그 램을 마치는 것과 관련해서 자녀에 대해 또는 부모님 자신이 걱정하는 것이 있다면, 상담자와 상의하세요.

나는 생각을 바꾸는 문제해결사: 미래편

이번 시간에는 그동안 연습한 우울조절기술을 검토하고 우울의 재발을 막고 더 건강하고 행복하게 생활하기 위한 구체적인 계획을 세웁니다. 부모님들은 자녀가 단지 우울하지 않기만을 바라기 보다는 자신감 있고 긍정적이고 행복하기를 원할 것입니다. 이 프로그램에서 배운 우울조절기술들은 자녀가 더 활동적이고 더 행복하고 더 긍정적이고 더 자신감 있게 생활하는 데에도 도움이 됩니다.

이번 시간에 배우는 내용은 다음과 같습니다.

- 앞으로 지속적으로 사용할 우울조절기술들을 선택해서 이를 실행하기 위한 계획을 세웁니다.
- 우울이 다시 찾아오더라도 어떻게 대처해야 하는지에 대해서 배웁니다.
- 자녀가 그 동안 이룬 성과와 노력을 자신에게 돌릴 수 있는 축하의 시간을 갖습니다.

연습과제는 우울조절기술을 계속 사용하는 것과 첫 시간에 작성한 계약서에 따라 특별한 시간을 갖는 것입니다.

- 우울의 재발을 예방하는 것뿐만 아니라 지금보다 더 활동적으로, 더 행복하게, 더 긍정적으로, 더 자신감 있게 생활하기 위해서 자녀가 우울조절기술을 계속 연습할 수 있게 도와주세요.
- 자녀의 워크북과 부모용 자료를 잘 보관하세요. 워크북 부록에는 이 프로그램에서 배운 우울조절기술을 연습하기 위한 활동지가 있습니다. 필요한 경우 복사를 해서 사용하세요.

- 자녀와 약속한 특별한 시간을 미루지 마세요. 자녀가 약속을 바꾸고 싶어 한다면 융통성을 발휘하세요.
- 프로그램을 통해 자녀가 노력하고 이룬 것을 구체적으로 떠올리면서 자녀의 어떤 점이 자랑스러운지 말씀해주십시오. 자녀는 스스로의 노력으로 우울을 극복했다는 생각을 가져야 합니다. 우울을 극복한 경험은 앞으로 부딪히게 될 많은 어려움과 도전을 극복하는데 밑거름이 될 것이라는 점도 알려주세요.
- 부모님도 많은 노력을 하셨습니다. 자녀와 함께 부모님도 성장의 시간을 가졌을 것입니다. 부모님의 노력과 수고를 격려하는 특별한 시간도 가지세요.

듣고 말하는 나

우울한 아이들 중에는 다른 사람과 어떻게 어울려야 할지, 대화는 어떻게 해야 할지를 잘 모르는 경우가 있습니다. 우울증을 겪는 십대들의 경우 다른 사람들과 관계를 맺고 의사소통하는 기술인 사회기술이 부족한 경우가 흔합니다. 사회기술 가운데 특히 대화기술은 십대 자녀가 친구를 사귀고 우정을 나누고 자기표현과 주장을 하는 데 중요합니다. 대화기술이 좋은 아이들은 친구가 많고 자신을 긍정적이고 자신감 있게 표현해서 또래들의 호감을 이끌어냅니다. 고민이나 걱정이 생겼을 때는 이를 적절히 표현해서 친구와 가족들에게 위로와 지지를 받고 고민을 해결합니다. 반면에 대화기술이 부족한 십대들은 또래관계에서 소외되고 자신의 마음을 적절히 표현하지 못해 오해를 받기도 합니다. 대화기술의 부족은 우울의 원인이 될 수 있으므로 듣고 말하는 대화기술을 연습하는 것은 중요합니다.

이번 시간에 다루는 내용은 다음과 같습니다.

- 좋은 듣기 기술과 말하기 기술이 무엇인지 배웁니다.
- 신체 언어 기술(눈 맞춤, 자세, 표정)과 음성 특성 기술(말의 속도, 크기, 명확성)에 중점을 두고 상담자와 듣고 말하기를 연습합니다.
- 상담 시간에 배운 듣고 말하는 기술을 가정과 학교에서 연습합니다.

연습과제는 상담시간에 배운 대화기술을 적용해 대화를 나누는 것입니다. 다음 사항을 고려해주세요.

- 가장 좋은 대화 상대는 부모님입니다. 한 주 동안 자녀의 듣고 말하는 기술에 관심을 갖고 칭찬과 격려를 해주세요. 부모님도 자녀가 편안하게 이야기를 할 수 있도록 자녀가 배운 듣기 기술을 활용해보세요.

- 자녀와 무슨 말을 할지 고민된다면 워크북의 활동4 '말하는 기술'을 참고하세요.
- 대화기술은 다른 우울조절기술에 비해 익히는 데 시간이 많이 걸립니다. 조급한 마음을 갖지 말고 꾸준히 연습하는 것이 중요합니다.